AF599704

Tirso de Molina

El amor médico

Barcelona **2024**
Linkgua-ediciones.com

Créditos

Título original: El amor médico.

e-mail: info@linkgua.com

Diseño de cubierta: Michel Mallard.

ISBN tapa dura: 978-84-9897-337-2.
ISBN rústica: 978-84-9816-033-8.
ISBN ebook: 978-84-9897-190-3.

Sumario

Brevísima presentación

La vida

Tirso de Molina (Madrid, 1583-Almazán, Soria, 1648). España.
Se dice que era hijo bastardo del duque de Osuna, pero otros lo niegan. Se sabe poco de su vida hasta su ingreso como novicio en la Orden mercedaria, en 1600, y su profesión al año siguiente en Guadalajara. Parece que había escrito comedias y por entonces viajó por Galicia y Portugal. En 1614 sufrió su primer destierro de la corte por sus sátiras contra la nobleza. Dos años más tarde fue enviado a la Hispaniola (actual República Dominicana) y regresó en 1618. Su vocación artística y su actitud contraria a los cenáculos culteranos no facilitó sus relaciones con las autoridades. En 1625, el Concejo de Castilla lo amonestó por escribir comedias y le prohibió volver a hacerlo bajo amenaza de excomunión. Desde entonces solo escribió tres nuevas piezas y consagró el resto de su vida a las tareas de la orden.

La trama

Comedia de enredo que transcurre entre gente de mundo (con alusiones a ciudades americanas como La Habana). La protagonista, Jerónima, conquista a su amado don Gaspar y para ello no duda en disfrazarse de hombre y estudiar medicina.

Personajes

Delgado
Don Gaspar
Don Gonzalo
Don Íñigo
Don Martín
Don Rodrigo
Doña Estefanía
Doña Jerónima
El rey don Manuel
Machado
Quiteria, criada
Tello, criado
Un Paje

Jornada primera

(Salen doña Jerónima y Quiteria.)

Jerónima

¿Hay huésped más descortés?
¿Un mes en casa, al regalo
y mesa de don Gonzalo,
y sin saber en un mes
que mujer en ella habita,
o si lo sabe, que es llano,
blasonar de cortesano
y no hacerme una visita?
¡Jesús, Quiteria, es grosero
aunque tú vuelvas por él!

Quiteria

Yo, en lo que he notado dél,
perfeto le considero:
la persona, un pino de oro;
un alma en cualquiera acción;
de alegre conversación,
guardando en ella el decoro
que debe a su calidad;
en lo curioso un armiño,
mas no afectando el aliño
que afemina nuestra edad;
mozo, lo que es suficiente
para prendar hermosuras
mas no para travesuras
de edad, por poca, imprudente.
Júzgole yo de treinta años.

Jerónima

Pinta en él la perfección
que el conde de Castellón
en su Cortesano.

Quiteria

Extraños
humores en ti ha causado
ese enojo que condeno.
Ya no tendrá nada bueno,
porque no te ha visitado.
Si ignora que en casa hay dama,
¿qué le culpas?

Jerónima

No lo creas;
que, aunque abonarle deseas,
un mes de mesa y de cama
en casa, viendo criadas,
escuderos, coche y silla,
si no es que se usa en Castilla
en las más autorizadas
servirse los caballeros
de dueñas y de doncellas,
sacado habrá ya por ellas
quién vive aquí.

Quiteria

Forasteros
más tratan de su negocio
que de tantas menudencias.

Jerónima

¡Qué alegas de impertinencias!
La curiosidad es ocio
de obligación en discretos;
que nunca están los cuidados
en ellos tan ocupados
que perjudiquen respetos,
hijos de la cortesía,
y más en casas extrañas.
Porque veas que te engañas,

anoche a la celosía
del patio le vi bajar;
y para que no tuviese
disculpas, porque me oyese,
dije en voz alta: «Aguilar,
¿dónde dejáis a mi hermano?».
Y respondióme: «Señora,
iba a la Alameda agora».
Entonces él, cortesano,
quitó a la reja el sombrero,
sin extrañar el oírme.
¿Osarás ahora decirme
que no peca de grosero
quien, sin hacer novedad
de escuchar que en casa había
hermana, la suponía?

Quiteria
Culpa la severidad
de tu hermano; ¿mas pasó
sin hablarte?

Jerónima
Hizo un pequeño
comedimiento y, risueño,
en la otra cuadra se entró.

Quiteria
Es tan negro circunspecto
mi señor que habrá mostrado
en que no te vea cuidado,
y don Gaspar tan discreto
que le adivinará el gusto.
¿Mas que nunca en él te habló
después que está en casa?

Jerónima
No;

que como muestra disgusto
porque no me determino
en admitir persuasiones
casamenteras, pasiones
de hermano a que no me inclino
le ocasionan a no hablarme
dos meses ha.

Quiteria
No me espanto;
haste embebecido tanto
en latines que a cansarme
llego yo sin que me importe;
cuánto y más quien se encargó
de ti desde que murió
tu padre.

Jerónima
Yo sigo el norte
de mi inclinación; ¿qué quieres?,
mi señor se recreaba
de oírme cuando estudiaba.
¿Siempre han de estar las mujeres
sin pasar la raya estrecha
de la aguja y la almohadilla?
¡Celebre alguna Sevilla
que en las ciencias aprovecha!
De ordinario los vasallos
suelen imitar su rey
en las costumbres y ley.
Si da en armas y en caballos
soldados y caballeros
son el sabio e ignorante;
enamorados si amante;
si ambicioso lisonjeros.
Dicen que en Indias hay gente

que porque a un cacique vieron
sin un diente todos dieron
luego en sacarse otro diente.
La reina doña Isabel,
que a tanta hazaña dio fin,
empieza a estudiar latín
y es su preceptora en él
otra que por peregrina
no hay ingenio que no asombre,
tanto que olvidan su nombre
y la llaman la Latina.
Por esto quiero imitalla.

Quiteria

Haces bien; mas dese modo
procura imitarla en todo,
por mujer y por vasalla;
cásate, pues se casó.

Jerónima

Dame tú un rey don Fernando
que, a Castilla gobernando,
me deje estudiar, que yo
haré mis dichas iguales.
El matrimonio es Argel,
la mujer cautiva en él.
Las artes son liberales
porque hacen que libre viva
a quien en ellas se emplea;
¿cómo querrás tú que sea
a un tiempo libre y cautiva?

Quiteria

Yo no te sé responder,
porque no sé argumentar;
pero, ¿por qué ha de estudiar
medicina una mujer?

Jerónima

Porque estimo la salud,
que anda en poder de ignorantes.
¿Piensas tú que seda y guantes
de curar tienen virtud?
Engáñaste si lo piensas;
desvelos y naturales
son las partes principales
que con vigilias inmensas
hacen al médico sabio;
por ver si a mi patria puedo
aprovechar contra el miedo,
que a la salud hace agravio.
¿No es lástima que examinen
a un albéitar herrador,
a un peraile, a un tundidor,
y que antes que determinen
que pratique su ejercicio
aprueben su suficiencia;
y la medicina, ciencia
que no tiene por oficio
menos que el dar o quitar
la vida que tanto importa,
con una asistencia corta
de escuelas, un platicar
dos años a la gualdrapa
de un dotor en ella experto
porque más hombres ha muerto,
prolijo de barba y capa,
en habiendo para mula
luego quede graduado
antes de ser licenciado
de dotor? ¿Quien no regula
estos peligros no es necio?

Quiteria — Cuanto a esa parte estoy bien
con lo que dices.

Jerónima — ¿Que den
joya que no tiene precio
ni se puede restaurar
a un bárbaro desa suerte?

Quiteria — Y aun no dan de balde muerte,
que se la hemos de pagar.
Diz que en Madrid enseñaba
cierto verdugo su oficio
no sé a qué aprendiz novicio
y viendo que no acertaba,
puesto sobre un espantajo
de paja, aquellas acciones
infames de sus liciones,
le echó la escalera abajo
diciéndole: «Andad, señor,
y pues estáis desahuciado
para oficio de hombre honrado,
estudiad, para dotor».

Jerónima — ¡Cosa extraña que en cualquiera
arte, por poco que valga,
haya aprendiz que no salga
con ella, echándole fuera,
y que en esta no ha de haber
médico que desechar,
Quiteria!

Quiteria — Para matar
poca ciencia es menester.

Tuvo un pobre una postema,
dicen que oculta en un lado,
y estaba desesperado
de ver la ignorante flema
con que el dotor le decía:
«En no yéndoos a la mano,
en beber, moríos, hermano,
porque ésa es hidropesía.»
Ordenóle una receta
y cuando le llegó a dar
la pluma para firmar
la mula, que era algo inquieta,
asentóle la herradura
—emplasto dijera yo—
en el lado y reventó
la postema ya madura,
con que cesando el dolor
dijo, mirándola abierta:
«En postemas, más acierta
la mula que su dotor.»

Jerónima	Pues por eso determino
irme tras el natural
que aprenden todos tan mal,
ya que en su estudio me inclino.

Quiteria	Volverás por el desprecio
de los médicos ansí.

Jerónima	Y por el que hizo de mí
nuestro forastero necio.

Quiteria	¿Ahí tornamos?

Jerónima — Me ha enfadado
el poco caso que ha hecho
de mí. ¿Sabes qué sospecho?
Que le trae tan desvelado
la dama que en Madrid deja
que no le dan pensamientos
lugar para cumplimientos.

Quiteria — Eso agora ya es conseja;
¿qué nos faltaba si hubiera
correspondencias constantes?
Ya obligaciones y guantes
se gastan de una manera.
Amadises y Macías
alambicaban celebros;
y habitando Beltenebros,
libros de caballerías
tienen esa calidad,
que los de ahora, si lo notas,
en calzándose las botas
descalzan la voluntad.

Jerónima — Pues hagamos la experiencia.

Quiteria — ¿Cómo la habemos de hacer?

Jerónima — Vile anoche revolver
papeles, sin advertencia
de que acecharle podían.

Quiteria — ¿Por dónde?

Jerónima — Por el espacio
de la llave.

Quiteria — ¡Qué despacio
tus desvelos te tenían!

Jerónima — ¿Qué quieres? La privación
es causa del apetito;
no haberme visto es delito
que ofende mi presunción.
Y dije, entre mí: «Sepamos
quién puede este Adonis ser
que no se nos deja ver
temeroso de que aojamos».
Estaba el tal en jubón,
con calzones de tabí
de naranjado y turquí;
y con tal satisfación
de sí que de cuando en cuando,
Narciso de sus despojos,
se andaba, todo en sus ojos,
por sí mismo paseando.

Quiteria — Ya eso fue mucho notar.

Jerónima — Si él fuera al paso discreto
que galán, yo te prometo
que llevara qué soñar,
porque es su disposición
por gallarda, peregrina.

Quiteria — ¿Y eso está en la medicina?

Jerónima — No, pero en mi inclinación.
Advertí, pues, que leyendo
papeles ya los doblaba,

ya otra vez los repasaba;
con los primeros riyendo,
con los otros suspirando
y, aunque no los entendí,
—que los leyó para sí—
dije: «¿Riyendo y llorando?
Aunque adivino en bosquejo
afectos sentís de amante;
que siempre imita al semblante
de quien se mira el espejo».
No los leyó una vez sola;
antes para asegundar
los mismos, despabilar
quiso la vela y matóla,
con que le forzó a acostarse
y a mí, riendo, a volverme
a la cama. Entretenerme
pudiera a no desmandarse
en mí su imaginación
que, de principios pequeños
apadrinándola sueños,
es ya mal de corazón.
Yo tengo celos, Quiteria,
y he de ver, pues me maltratan,
de qué estos papeles tratan.

Quiteria
¡Qué bien medraste en la feria!
¿Dónde, pues, hemos de hallarlos?

Jerónima
Las navetas los tendrán
de aquel contador, que están
sin llaves para guardarlos.
Salgamos dese cuidado.

Quiteria — Vamos, porque le asegures,
y enferma para que cures
la ciencia que has estudiado,
que uno y otro es frenesí.

Jerónima — En accidentes de amor
no cura bien el dotor
que no cura para sí.

(Vanse.)

(Salen don Gaspar y don Gonzalo, y sale también Machado.)

Gonzalo — Yo sé que no habéis de echar,
mientras estéis en Sevilla,
menos, señor don Gaspar,
pasatiempos de Castilla,
que esa es río y ésta es mar.
Mucho de Toledo cuentan,
donde Isabel y Fernando
su corte dicen que asientan.
Su Tajo arenas criando
que fama más que oro aumentan;
sus pancayos cigarrales
que, viéndose en sus cristales,
les sirven de apretadores
listones de eternas flores
que visten sus pedernales.
Palacios de Galiana;
huerta del Rey deleitosa
que tanta opilación sana;
bienes de la vega hermosa,
hasta en permisiones llana;
membrillares y amacenas,

sus riberas siempre llenas;
entre frutas peregrinas;
de azabache sus endrinas...

Machado — No olvides sus berenjenas.

Gonzalo — ... sus aljibes siempre helados;
sus damas siempre discretas;
sus ingenios laureados,
ya de Apolo por poetas,
ya de Marte por soldados;
alcázar e iglesia santa,
puentes, título imperial,
concilios, virtud que espanta;
tanta sangre principal,
tanta mitra y gente tanta.
Todo eso, que es maravilla
con que blasona Castilla
y se ilustra mi nación,
es la grandeza en borrón
de nuestra Memfis Sevilla.

Gaspar — No lo habéis encarecido
mucho; corto habéis andado,
pues un mes que la he vivido
en vuestra casa hospedado,
de su nobleza aplaudido,
si en alabarla me fundo,
zodiaco considero
que es del uno y otro mundo,
dividiéndose el primero
por el Betis del segundo.
árbitros límites da
a los dos orbes y está

como raya su corriente
hacia esta parte de Oriente
y del ocaso hacia allá.
¿Quién hay que alabarle pueda?
¡Pluguiera a Dios que el pesar
que sus deleites me veda
supiera en ella gozar
río, Alcázar y Alameda!

Gonzalo — ¿Pues qué hay de nuevo?

Gaspar — Este pliego
que acabo de recibir
para fin de mi sosiego.

Gonzalo — Nunca os puedo persuadir,
por más que os conjuro y ruego,
a que acabéis de contarme
la causa, que por honrarme,
de Toledo os trujo aquí.
O no halláis caudal en mí
de amigo para fiarme
secretos o pagáis mal
la amistad que me debéis.

Gaspar — Si como os sobra el caudal,
don Gonzalo, y conocéis
que os le correspondo igual,
me permitiera el respeto
a hablar, yo os satisfaciera...;
pero escuchad que, en efeto,
no es bien cuando amor espera
morir que guarde secreto.
Serví en la imperial Toledo

por inclinación a un ángel,
primer móvil de los gustos,
Argel de las libertades,
de superior jerarquía
hasta el nombre, que sus padres
la dieron, que fue Micaela,
blasón suyo a ser constante.
Halló el favor en sus ojos
entrada para burlarme;
ventas las llamó un discreto
donde el amor caminante
tomar un refresco suele
y, si anochece, apearse
para proseguir después
hasta el alma su viaje.
Recibiéronme dos niñas
entre risueñas y graves,
pero de niñas y en venta
quien se fía poco sabe.
Hechizáronme amorosas
y cuando pasé adelante
sin alma me hallé. ¿Qué mucho
que ventas y ojos engañen?
¡Qué de favores alegres
a censo echaron pesares
que entonces tomaba a usura
y agora aprietan! No en balde
dicen que el gusto y dinero
en príncipes y en amantes
deleitan al recibirse
y congojan al pagarse.
Seis meses corrió mi dicha
la derrota favorable
de honestas correspondencias,

pero en amores y en mares
la mudanza es el piloto,
pues, cuando desembarcarme
en la playa de Himineo
pensaba, sopló un levante
de celos que me volvieron
al golfo, donde sin lastre
de sufrimiento me llevan
mis desdichas a anegarme.
Fue el caso, pues, que quisieron
intereses de su madre
y un hermano, sin consulta
de mi dama, hacer alcaide
de su voluntad, ya ajena,
a un caballero que en sangre,
hacienda, edad, discreción,
tengo, sino que envidiarle,
a lo menos que temerle;
permitidme que le alabe,
que el valor aunque compita
no desluce calidades.
Estaba en Valencia entonces
y llamáronle, ignorantes
de que sin su permisión
la voluntad profanase
derechos de la obediencia,
como si en fe de llamarse
dios amor no se eximiese
de leyes universales.
Hasta entonces ignoraba
mi ingrata que apresurasen
cautiverios de por vida
diligencias tutelares
y ansí creciendo favores

fuera justo recelarme
de llamas que están más cerca
de su fin cuanto más arden.
Registradores baldíos
se ocuparon en contarles
los pasos a mis deseos
y, como el fuego no sabe
encubrirse ni el amor,
sacaron por las señales
de mis afectos mis dichas.
¡Qué de daño envidias hacen!
No sé cuál dellos, o todos,
escribieron a don Jaime,
—así se llama mi opuesto—
las razones semejantes:
«Por mucho que apresuréis,
llamado, pasos amantes,
si elecciones se anteponen
a casaros vendréis tarde.
Don Gaspar de Benavides
llega a tener tanta parte
en la dama que os ofrecen
que hay quien se atreve a llamarle
usufrutuario vuestro.
Si con esto juzgáis fácil
el riesgo que la honra corre,
discreto sois, Dios os guarde.»
Iba la carta sin firma
y, como en Valencia nace
tan delicado el honor,
imitó a sus naturales
y acreditó sus renglones
escribiéndole a su madre
repudios y menosprecios;

—con celos no es cortés nadie—.
Metió en el pliego el papel
recibido y fue bastante
en su madre a concluir
con su vida sus pesares.
Estaba el hermano ausente
y mi dama, que eclipsarse
sintió el Sol de su opinión,
se persuadió —no os espante
que fue la sospecha urgente—,
a que yo, por estorbarle
ejecuciones violentas
tan a riesgo de matarme,
aquella carta había escrito
y, airada de que quedase
por mí su fama dudosa
y su amor por inconstante,
favores trocó en desdenes,
desprecios vi por donaires,
rigor por correspondencias,
por premios severidades;
no admitió satisfaciones,
ni bastaron a abonarme
juramentos inocentes;
¿pero quién habrá que amanse
enojos en la mujer
que atropella por vengarse,
cuando aborrece de veras,
respetos y calidades?
Notificóme retiros;
a mis disculpas diamante,
a mis diligencias bronce,
a mis sentimientos áspid.
Y dando cuenta de todo

a su hermano, provocarle
pudo a venganzas de honor;
ved de un yerro los que nacen.
Yo, que desvelado siempre
registraba enemistades
para averiguar por ellas
quién fue el autor de mi ultraje
y aquella carta sin firma,
una vez que por el margen
del Tajo en estos discursos
consultaba sus cristales,
vi conversando junto a ellos
dos destos que en las ciudades,
sanguisuelas de las honras,
sin espadas sacan sangre;
censura de las doncellas,
sátira de los linajes,
zoilos de los ausentes,
de los ingenios vejamen.
Destos, en fin, que mirones
en los templos y en las calles,
porque todo lo malician,
dicen que todo lo saben.
Despreciábanlos los cuerdos,
temíanlos los cobardes,
pero entre todos yo solo
gusté singularizarme,
opuesto suyo, de suerte
que hallaron en mi semblante
con letras de menosprecio
escritas sus libertades.
A esta causa siempre tuve,
si no infalibles, probables
sospechas de que por ellos

renunció su amor don Jaime.
Lleguélos a hablar entonces
y para certificarme
de todo punto troqué,
cauteloso conversable,
sospechas en certidumbres,
porque empezando a tratarse
varios géneros de cosas,
unas de risa, otras graves,
los enlacé en mi suceso,
deletreando en las señales
de su inquieta turbación
mis recelos sus verdades.
Entonces, ya la irascible
predominando en la sangre,
les dije: «No es bien nacido,
ni de hombre puede preciarse,
quien con la lengua o la pluma,
cuando escriba o cuando hable,
desmintiéndose en aquella
firmar en esta no sabe.
Carta sin firma es libelo
que contra sí mismo hace
quien no osa poner su nombre
por confesar que es infame.
El apellido es blasón
que califica linajes,
que diferencia sujetos,
que autoriza antigüedades;
quien lo oculta es porque teme
que por él a luz no saque,
sambenitos del honor,
la bajeza de sus padres.
Si es infamia el desdecirse,

¿no es desdecirse el quitarle
a una carta autor y firma?
Dígalo el más ignorante.
Claro está que, receloso
de que tienen de forzarle
a desmentirse a sí mismo
y confesar falsedades,
lo mismo que escribe niega
y que en su contrario añade
circunstancias de valor
en todos los tribunales.
Infames, pues, por escrito,
hombres sin nombre, cobardes,
que os menospreciáis del ser
que tenéis, pues le ocultastes,
lo que no firmaron plumas
firme el acero y no manchen
espejos de honor honestos
cartas que sin firma salen».
Dije, y sacando el estoque
con la razón de mi parte,
ella y yo, dos contra dos,
partimos el Sol iguales.
Di muerte al uno, herí al otro;
y huyendo severidades
de Fernando, que castiga
si premia, en los cigarrales,
guarnición de aquellas peñas,
uno hallé donde ampararme
y dentro dél un amigo,
que para que me ausentase
me dio un caballo de monte,
un criado y liberales
socorros, que en el camino

vencieron dificultades.
Llegué a vuestra casa, en fin,
en cuyo noble hospedaje
pudiera templar desprecios
de quien gusta de olvidarme;
mas cartas despertadoras
quiere mi amor que dilaten
penas, que en ésta me dicen
que las dé por incurables.
Ya se ha casado, en efeto,
mi ingrata, porque don Jaime,
averiguando mentiras
y confirmando amistades,
llegó a lograr diligencias
de su hermano que obligarle
pudieron, para mi muerte,
a ofenderme y a casarse.
Escríbenme que han pedido
requisitoria las partes
contrarias para prenderme
y será fuerza pasarme
a Portugal, cuyo rey
gente alista que se embarque
al Oriente, en cuyo extremo
son sus quinas formidables.
Generoso es; cuando sepa
quién soy y para abonarme
lleguen cartas de la corte
que me prometen sus grandes,
apacible a mis deseos,
no dudo que me despache
en esta armada a la India,
donde piélagos de mares
en medio aneguen memorias,

y militando restauren,
contra amorosas tragedias,
mi fama dichas de Marte.

Gonzalo

Agora que por extenso
sé la historia, que a pedazos
me contábades, los brazos
os doy, pues echando a censo
obligaciones de amigo
por tal quedo confirmado
habiéndoos de mí fiado,
que yo, don Gaspar, me obligo
de quien en la adversidad
se llega a favorecer
de mi casa por tener
certeza de mi amistad.
No os aconsejo el viaje
que al Oriente disponéis;
Indias más cerca tenéis
y en más seguro paraje.
Dio patrimonio Colón
de un nuevo mundo a Castilla,
nueva grandeza a Sevilla,
nueva fama a su nación.
El gobierno de La Habana
espero con brevedad;
ya que os embarquéis, gozad
entre gente castellana
preñeces de plata pura,
pues sabéis que Portugal
siempre se ha llevado mal
con Castilla.

Gaspar

Ya asegura

don Manuel, que reina en él,
paces que eternizar pueda,
pues nuestros reinos hereda.

Gonzalo

Princesa es doña Isabel,
su esposa, de esta corona,
muerto el príncipe don Juan,
y ya jurados están;
mas lo que el tiempo ocasiona
no asegura la mudanza.
Considerad lo que os digo
y si os embarcáis conmigo
prometed a la esperanza
de mi parte todo aquello
en que os pudiere servir.

(Sale Tello.)

Tello

Ríndase a Guadalquivir
Tajo y revés.

Gaspar

Paso, Tello.

Tello

Déjame, ¡pléguete Dios!,
celebrar damas y talles.
¡Cuántas topo por las calles
hermosas! ¡De tres las dos,
de cuatro las tres, de siete
las cuatro y media; más bellas
que tras el pastel las pellas,
que el vino tras el luquete!
¡Válgate Dios por lugar,
la mitad de cuanto veo
hermoso!

(Salen con sombreretes y mantos de anascote a lo sevillano, doña Jerónima y Quiteria.)

Jerónima — Tápate.

Tello — Creo
que nos busca el dicho par.
Aguárdolas a pie quedo
una a una: ¿mandan algo?

(Llégase Quiteria a don Gaspar, al oído, tapada.)

Quiteria — Hacia el Alcázar, hidalgo,
sabréis cosas de Toledo.

(Vase.)

Gonzalo — A vos dijo.

Gaspar — ¿Quién será?

Tello — ¡Tapadas! Es desafío.

Gonzalo — No tiene esotra mal brío.

Gaspar — ¿De Toledo?

Tello — ¿Si es de allá?

Gaspar — ¿Hasta aquí llega la fama
de mi amor?

(Doña Jerónima, tapada, al oído de don Gaspar.)

Jerónima — Si os atrevéis,
al Alcázar, y sabréis
mil cosas de vuestra dama.

Gaspar — ¿Y no aquí?

Jerónima — No, que recela
mi honor que me puedan ver.

Gaspar — ¿Traéis cartas?

Jerónima — Puede ser.

Gaspar — ¿Cúyas?

Jerónima — De doña Micaela.

Gaspar — ¡Ay, cielos!

Tello — Deja disputas;
vamos, ¿qué andas por las ramas?

Jerónima — Al estanque de las Damas.

Gaspar — Ya os sigo.

Jerónima — Entre las dos grutas.

(Vase.)

Gonzalo — ¿Qué os dijo?

Gaspar — Que esperaría

a las grutas del jardín
de las Damas.

Gonzalo ¿Con qué fin?

Gaspar Cartas de la ingrata mía
me ofrece.

Gonzalo ¿Y os la nombró?

Gaspar Sí, amigo. Confuso quedo.

Gonzalo Dama será de Toledo.

Gaspar Su despejo lo mostró.

Gonzalo Hay notables aventuras
en el Alcázar; sus salas
saben, disfrazando galas,
acomodar coyunturas.
Cúrsanlas la primavera
como en escuelas de amor;
unas huyendo el calor,
otras haciendo tercera
su acomodada frescura,
que como tienen enfrente
la Lonja con tanta gente,
donde el interés procura
enriquecer mercaderes,
son, aunque con varios nombres,
lonja aquella de los hombres
y esotra de las mujeres.
Andad, don Gaspar, a ver
lo que escribe vuestra dama;

podrá ser mienta la fama
que os ha obligado a creer
bodas que os causan pesar
antes que estén concluidas.
Cartas se escriben fingidas
que es peor que por firmar.
Quiera Dios que verdadero
salga yo, porque excuséis
destierros que disponéis.

Gaspar — A Dios.

Gonzalo — En casa os espero.

(Vanse.)

Gaspar — Tello, ¿no me dices nada
desto?

Tello — ¿Qué quieres que diga?
Cada cual su rumbo siga;
tu amor tú, yo a la tapada,
que el diablo del sombrerete,
que parece tajador
de aldea, para mi humor
tiene no sé qué sainete
que alienta mis disparates.
¡Oh anascote, oh caifascote,
oh basquiñas de picote;
oh ensaladas de tomates
de coloradas mejillas,
dulces a un tiempo y picantes;
oh chapines no brillantes,
mas negros y con virillas;

oh medio ojo que me aojó,
oh atisbar de basilisco;
oh tapada a lo morisco,
oh fiesta y no de la O!
Sigamos a quien nos llama,
¿qué aguardas?

Gaspar «¿Si os atrevéis,
al Alcázar, y sabréis
mil cosas de vuestra dama,
cuando el rigor me desvela
de sus bodas?»

Tello ¿No es mujer?

Gaspar «¿Traéis cartas?» «Puede ser.»
«¿Cúyas?» «De doña Micaela.»
Quien tanta noticia tiene
de mis cosas, no hay que hablar,
de Toledo a consolar
mis ansias, sin duda, viene;
penas de amor absolutas,
no desesperéis mis llamas.
Ven.

Tello Al jardín de las Damas;
ten cuenta, entre las dos grutas.

(Vanse.)

(Salen como antes con mantos y sombreros, doña Jerónima y Quiteria.)

Jerónima Este hombre se me ha entrado
en el alma por las puertas

más nuevas y peregrinas
que ha visto el amor, Quiteria.
Comenzó por menosprecios
el mío; ¡ay Dios, quién creyera
que hicieran descortesías
en mí lo que no finezas!
Sentí que huésped en casa,
al fin de un mes de asistencia,
no preguntase curioso
qué mujer moraba en ella.
En nosotras ya tú sabes
que imperando la soberbia
se rinde por sus contrarios;
hombre que nos menosprecia
téngase por bien querido;
fínjase quien nos desea
desdeñoso, descuidado,
no nos mire, no dé quejas;
causarálas en su dama,
porque en balanzas opuestas,
aunque amor es simetría,
cuando se abrasan nos yelan
y helándose nos abrasan.
Si ellos este estratagema
supieran ¡qué a poca costa
atropellaran firmezas!
Causó en mí este sentimiento
una curiosa impaciencia
y deseo de inquirir
si viven hombres de piedra;
y para que no alegase
ignorancias, a una reja
del patio fingí preguntas
que le avisasen quién era.

No hizo novedad de oírme,
aunque pudo sacar dellas
ser mi hermano don Gonzalo.
Juntáronse a las primeras
quejas y culpas, segundas,
que engendraron causas nuevas
de acusar descortesías,
si primero inadvertencias.
Parecióme que, elevado
en lo que en Toledo deja,
se olvidó allá los sentidos
y vino acá sin potencias.
Esto ya yo imaginaba
que ABC de celos era,
que si a la postre presumen
al principio deletrean.
Pero celos o no, en fin,
una noche aceché inquieta
por la llave lo que hacía;
—su mal busca quien acecha—.
Demostraciones amantes
vi entre papeles envueltas,
con gusto en los apacibles,
en los severos con penas.
Él leyendo y yo acechando,
el Sol nos amaneciera
si con los dos compasiva
no se apagara una vela.
Desvelos volví a la cama
que a mi sueño hicieron guerra
y el plato a imaginaciones,
si inquietudes la sustentan.
Salió el alba y don Gaspar
de casa; y dándonos cuenta

de amorosas novedades
se le pedí a una naveta
del contador secretario
y hallé papeles en ella,
serranos en lo tratable,
de Toledo en la agudeza.
Otros vi que se humanaban
algo libres y a la cuenta
se escribieron cuando el gusto
lograba correspondencias.
Uno dellos le decía,
si no las mismas, casi estas
razones bien rigurosas,
mas para mis celos tiernas:
«Don Gaspar, en todo amor
que se prosigue de veras
la honra de lo que se ama
no se eclipsa, antes se aumenta.
Cartas bastardas sin firma,
ya vos veis cuánta vileza
arguyen en quien pretende
hacer la infamia estafeta.
Más os valiera fiaros
en mi voluntad que en ellas,
que ésta os despenará firme
y ellas viles os despeñan.
Por vos mi opinión perdida
desprecio en don Jaime engendra,
castigo justo en mi hermano,
llanto en mi madre y molestias.
Vos su muerte ocasionastes
y yo, si os amara, fuera
como ingrata a sus cenizas,
verdugo a mi fama honesta.

Aborreciéndoos verá
el mundo, porque os desmienta,
la falsedad de una carta
que la infamia afirma vuestra.
No habla el cuerdo amor, ni escribe,
que es niño en cuanto la lengua
y las plumas de sus alas
volaran mal si escribieran.
Cara voluntad os tuve,
y tan cara, que me cuesta
menoscabos de mi honor
y una madre por vos muerta.
Si os buscare la venganza,
no os espante que pretenda
borrar con sangre la tinta
de tan afrentosas letras.»
Esto, Quiteria, leí,
sospecho que en la postrera
de todas, con que animé
esperanzas y quimeras.
Estudié por las demás
todo el suceso y materia
destos trágicos amores,
¡fin más dichoso en mí tengan!
El nombre de la ofendida
supe que es doña Micaela,
Ayala en el apellido,
¡triste amor que en ay comienza!
En efeto, mis pasiones,
sin saber dónde me llevan,
me traen aquí ¿a qué sé yo?,
ni ¿qué espero aunque lo sepa?

Quiteria — ¡En verdad que en el estudio

de la medicina medras
lucidamente! Dotora
que en vez de curar enferma,
el diablo que la dé el pulso.

Jerónima — Decirme podrá el problema:
«Dotor, cúrate a sí mismo.»

Quiteria — Estos son.

Jerónima — Pues hazlos señas.

(Tápanse.)

(Salen don Gaspar y Tello.)

Tello — Hay tanta mujer tapada,
los sombrerillos de tenca,
tantas con los medios ojos
anascotados que es fuerza,
si no nos llaman, perdernos.

Gaspar — Las dos grutas son aquellas.

Tello — Y las otras las dos damas

(Hácenles señas.)

Gaspar — Señas nos hacen.

Tello — Pues llega.

Gaspar — ¿Son vuesas mercedes?

Jerónima Somos.

(Tapadas.)

Gaspar Y yo quien a la obediencia
cortés de vuestros mandatos
llego humilde.

Jerónima Cosa nueva
será en vos la cortesía.

Tello ¿Ya empezamos por afrentas?
No es malo, que entrar perdiendo
la ganancia tiene cierta.

Gaspar Rigurosa comenzáis.
No sé yo que en esta tierra,
ni en otra, me dé ese grado
la fama que en mí profesa
diferentes atributos.

Jerónima No lo dice la experiencia
de quien de vos ofendida
os culpa en tales materias.

Gaspar Es mi ventura tan corta
que aquello en que más se esmera
mi cuidado le saldrá
al contrario. ¿No supiera
yo quién es esa ofendida?

Jerónima Una dama que se queja
de vos con justas razones,
muy mi amiga, aunque no vuestra.

Gaspar

Si se admiten conjeturas
y, corresponsal con ella,
me prometéis alentar
esperanzas con sus nuevas,
en Toledo está esa dama,
porque yo no sé que pueda
otra ninguna intimarme
tan descorteses ofensas.

Jerónima

Bien puede ser.

Gaspar

Eso mismo
me dijistis allí fuera
no ha mucho pidiéndoos cartas.

Jerónima

Decís la verdad.

Gaspar

¿Traéislas?

Jerónima

Yo vengo por carta viva.

Gaspar

¿De Toledo?

Jerónima

De ahí cerca.

Gaspar

¿Y no sabré yo quién sois?

Jerónima

Si eso algún cuidado os diera
no estuviera yo quejosa.

Gaspar

¿Vos? ¿Por qué?

Jerónima

Porque asistencias

de un mes de huésped ni obligan,
ni cortesías despiertan.

Gaspar — No os entiendo.

Jerónima — Es mal antiguo
en vos no entender.

Gaspar — Discreta
misteriosa, declaraos,
ya que me habláis encubierta.
¿Vuestro huésped un mes yo?

Jerónima — Si tan presto negáis deudas
no haréis pleito de acreedores.

Gaspar — ¿Dónde? ¿Cómo o cuándo?

Tello — Pueda
alcanzar yo algún favor
dese retablo en cuaresma,
ya que no corren cortinas
aquí por pascuas ni fiestas.
¿Eres dama motilona
de la hermana compañera?
¿Fregatriz o de labor?
No quiero decir doncella,
que esa es moneda de plata
y como el vellón la premia,
apenas sale del cuño
cuando afirman que se trueca.
Dame un adarme no más
de carantoña.

(Va a destaparla y pégale Quiteria.)

Quiteria ¡Jo, bestia!

Tello Bestia soy, pues que te sufro,
y jo soy en la paciencia.

Gaspar En fin, ni queréis decir
quién sois, ni queréis que os vea,
ni en qué parte me hospedastes,
ni cuándo os di causa a quejas.

Jerónima Estáis muy despacio vos
y traigo yo mucha priesa;
vamos, don Gaspar, al caso.
Sabed que la dama vuestra,
pesarosa en desdeñaros
y triste con vuestra ausencia,
ha despedido a don Jaime
y ansiosa veros desea.

Gaspar ¡Oh iris de mi ventura,
que disfrazada en tinieblas
reflejos del Sol retocan
colores con que me alegras!
Dame a besar esas manos.

Tello Y dame tú, aunque las tengas
con callos del almirez,
las tuyas pues todos besan.

(Sale don Gonzalo y apártanse las dos.)

Gonzalo Don Gaspar, dejad agora

averiguaciones tiernas
de vuestra dama y poned
cobro en vos, que diligencias
enemigas están ya
en Sevilla y tan molestas
que mi casa han registrado
requisitorias que os prendan.
El gobierno de La Habana,
que me prometieron, truecan
por el de Pamplona, siendo
castellano de su fuerza.
Mándanme partir al punto,
porque las armas francesas,
instantes en su conquista,
por Navarra dicen que entran.
Si dejando a Portugal
queréis dar ilustres muestras
de la sangre que heredastes,
honraréis una bandera.
Determinaos esta noche
y dad en la santa iglesia
a la libertad sagrado
que oprimir tantos desean.
Cama os llevarán allá
y regalos de una mesa,
si no poderosa, amiga.
Retiraos, pues está cerca;
que yo voy a disponer
mi partida, porque pueda
salir de Sevilla al alba.
Hablareos cuando anochezca.

(Vase.)

Gaspar

Señora, desdichas mías
presurosas desordenan
principios que aseguraban
mi sosiego en vuestras nuevas.
Ya veis el riesgo que corro,
y también estaréis cierta,
pues venís tan informada
de mis cosas, lo que aprietan
diligencias enemigas
de la parte que desea
vengar una muerte honrosa
que satisfizo mi ofensa.
Pues no he podido hasta aquí
conoceros, y la priesa
que mis peligros me dan
el breve tiempo me niegan
en que presumí obligaros
a este favor, por vos sepa
vuestra amiga y mi señora
que en la corte portuguesa,
a su amor agradecido
y deudor de su firmeza,
podrá divertir con cartas
soledades de su ausencia.
Embarcaréme esta noche;
si hay en qué serviros pueda
allá, ejecutad mandando
los réditos desta deuda.

(Vase.)

Tello (A Quiteria.)

Yo soy maza desta mona,
ya ves que tras sí me lleva.
No pongas porte en las cartas,

si quieres que no se pierdan
y pide cuanto mandares,
porque, en fin, cuando no venga
cumples con tu obligación,
que te atisbo pedigüeña;
y a Dios, hasta la otra vida.

(Vase.)

Jerónima

¿Qué tropel de olas, Quiteria,
quieren hoy desbaratar
mi amor? ¿Qué desdicha es esta?

Quiteria

¿Qué sé yo? Vamos a casa,
porque no nos eche en ella
menos tu hermano, y arroja
en Guadalquivir tus penas.

Jerónima

¿A Lisboa se me parte
donde amor en sus bellezas,
extranjero con las damas,
perpetúe su asistencia?
¿Qué intentáis locuras mías?

Quiteria

De los libros te aprovecha
en que estudias.

Jerónima

¡Plegue a Dios
que por ellos no me pierda!

(Vanse.)

Fin de la primera jornada

Jornada segunda

(Sale don Rodrigo de camino y don Gaspar, y sale también Delgado.)

Gaspar
Dadme otra vez los brazos.

Rodrigo
Acortó, don Gaspar, la ausencia plazos.
Pues aquí veros puedo,
no echo menos amigos de Toledo.
Juzgábaos yo embarcado.

Gaspar
Mejor que imaginaba he negociado;
el cargo de un navío
me daba el rey, mas como vi a mi tío
que a Portugal venía,
del rey Fernando embajador, el día
que supe que llegaba
la embarcación dejé.

Rodrigo
Mal os estaba.
Surquen hijos segundos
golfos de sales, midan sus profundos,
y gocen herederos
mayorazgos en paz, pues son primeros.
En fin, ¿os tiene en casa
don Íñigo de Cárdenas?

Gaspar
Y pasa
su favor adelante
de deudo y huésped; permisión de amante
tengo también en ella.
Dueño me intenta hacer de su hija bella,
y es doña Estefanía
competencia del Sol que luz le envía.

Dice que, pues heredo
a su hermano y mi padre, y en Toledo
mi mayorazgo tiene
su antigüedad y casa, no conviene,
pudiendo eslabonarla
con nuevo parentesco, desmembrarla;
que mientras se mitiga
el rey contra mí airado, a que se obliga,
a cargo suyo toma
nuestra dispensación, que ya está
en Roma.
Ved si es razón que pierda
la buena suerte de elección tan cuerda.

Rodrigo

Quedárades culpado,
si no de ingrato, de desalumbrado,
principalmente agora
que, desposada, vuestra dama adora
a don Jaime Centellas.

Gaspar

Las de mis celos aumentara en ellas
si no las apagara
la prenda hermosa que mi amor repara.
Ya el suyo en mí es olvido;
logre doña Micaela el que ha tenido
de mí, creyendo engaños,
y gócense los dos felices años,
que yo desde Sevilla,
informado de nuevas de Castilla,
aunque no verdaderas,
conservaba en el alma ya quimeras,
si hasta agora esperanzas.
Agradecido estoy a sus mudanzas.

(Aparte.) (¿Quién la dama sería

que me habló en el Alcázar aquel día?)
No hay que hacer caso desto;
pues mis dichas los cielos han dispuesto
por tan nuevos caminos,
trocaré por aciertos desatinos.
Pues, señor don Rodrigo,
¿a qué venís acá?

Rodrigo La corte sigo
del rey Manuel, fiado
en que como Castilla le ha jurado
por príncipe heredero
y la casa que pone, a lo que infiero,
será a lo castellano,
respeto de favores, tenga mano
con su Alteza, y en ella
algún título honroso.

Gaspar Buena estrella
os dé vuestra ventura,
que en los palacios todo es coyuntura.

Rodrigo El creer que la hallara
en Lisboa y en ella negociara,
fue causa de un rodeo
bien cansado; mas ya que aquí le veo
sin muestras de mudanza
asentará mis cosas la esperanza.

Gaspar Pica la peste tanto
en Lisboa que a todos pone espanto;
y en riesgo tan terrible
es ciudad saludable y apacible
Coimbra, celebrada

por la fama presente y la pasada;
benévolo su clima,
fértil su territorio, en cuya estima
cristales del Mondego
compiten con el Tajo, y el sosiego
convidando a las Musas,
que donde hay multitud viven confusas,
aquí hallan puerta franca
sin envidiar Coimbra a Salamanca,
que es este lugar solo
habitación de Amor, Marte y Apolo.

Rodrigo — Ilustre le hizo al mundo
la asistencia del rey don Juan Segundo,
que lo más de su vida
en él tuvo su corte entretenida.

(Sale Tello.)

Tello — Oyes, señor; te llama
la embajatriz doncella nuestra dama
y su padre con ella,
que desea aliviarla de doncella.

Gaspar — ¿Queréisla ver, Rodrigo?

Rodrigo — Y a don Íñigo hablar, que es muy mi amigo,
y podrá, a vuestra instancia,
su favor con el rey ser de importancia.

Gaspar — Ese yo os le prometo.
Venid y admiraréis en un sujeto
discreción y hermosura,
llaneza, gravedad, valor, cordura,

donaire y cortesía;
veréis, en fin, a doña Estefanía.

(Vanse los dos.)

Delgado ¡Tello!

Tello ¡Oh Delgado, y no hilo!
¿Acá también?

Delgado ¿Qué hay de nuevo?

Tello En Portugal todo es sebo
hasta quedarse en pabilo;
todo bota, todo lua;
todo fidalgo valiente,
paom mimoso, faba quente,
sardiña y mantega crua.
No hay poderlos entender;
la olla llaman panela
y a la ventana yanela;
para darme de comer,
dai ca —me dijo una vieja—
tixelas; yo, que entendí
tijeras, unas le di
y ella los guisados deja
diciendo que de Castilla
un hombre la iba a matar,
hasta que vine a sacar
que tixela es escudilla.
Un viernes la pregunté:
«¿Qué tengo que cenar yo?»,
«Cagados» —me respondió—,
«Cómalos vuesa mercé,

—le dije—, y pullas a un lado
que tiene muchas arrugas»,
y supe que eran tortugas
los cagados.

Delgado

¡Buen guisado!

Tello

La embajatriz mi señora,
que es digna de todo amor
y me hace mucho favor,
por no decir me enamora,
da en hablar a lo seboso,
porque en nuestra tierra es fama
que en esta lengua una dama
tiene aire garabatoso.
Y entre cosas peregrinas
que suele mandarme hacer:
«Traceime —me dijo ayer—
do jardin huas boninas;
ollai, e un ramo de crabos.»
«¿Para qué diablos querrá
—dije— si loca no está,
olla, boñigas y clavos?»
El tiempo anda enfermo y este
altera nuestra salud;
deben de tener virtud,
sin duda, contra la peste.
Compré una olla vidriada,
al campo salí, llenéla
de clavos, emboñiguéla,
y llevándola tapada
con la capa, la hallé hablando
con su padre y mi señor;
no era muy fino el olor

con que me iba prefumando.
Llegué y díjela al oído:
«Aquí aquel recado está»
—y respondióme—: «Dai ca».
«¿Estás fuera de sentido,
señora, que a esto me obligas?,
—repliqué—; ¡gentil humor,
sacarle a un embajador
un puchero de boñigas!»
Mandó que lo descubriese
y vino a causar su prisa
a unos asco y a otros risa,
y a que mi amo se corriese
y tuviésemos mohinas.
Averigüe Garibay
que es aquí mirad, ollai;
que las flores son boninas
y clavos claveles son.
En fin, yo que su humor sigo,
porque se huelgue conmigo
paso plaza de bufón.

(Vanse Tello y Delgado.)

(Salen doña Estefanía, don Íñigo, viejo; don Martín, don Gaspar y don Rodrigo.)

Íñigo

Huélgome infinito yo
de veros por esta tierra,
que el que en la suya se encierra
y nunca se divirtió
en las demás no merece
de discreto estimación.
Historias los reinos son
y el que verlos apetece,

estudiando en la experiencia
que a tantos renombre ha dado,
vuelve a casa consumado
y es para todo. No hay ciencia
en libros como en los ojos,
porque en la prática estriba
la más especulativa.
La ociosidad causa enojos;
mozo sois, y en Portugal,
que es una común escala
de cuanto el orbe señala,
yo sé que no os halléis mal.

Rodrigo

Ni ya menos echaré
a Castilla ni a Toledo,
si con vueselencia quedo
acreditado.

Íñigo

Hablaré
hoy al rey que se dispone,
según la voz común pasa,
a poner segunda casa
castellana; y si la pone,
sabiendo vuestro valor,
no tiene dificultad
que os honre su Majestad.

Rodrigo

Siendo vos mi protector,
señor, ya la dicha mía
asegura mi cuidado;
(a ella) añadirá otro criado
en casa vueseñoría
y seré yo venturoso
en acertarla a servir.

Estefanía

Yo os quisiera ver lucir,
señor, algún cargo honroso
con que en Portugal quedaran
satisfechos de Castilla.

Martín

Al que en Portugal se humilla
por forastero le amparan
fidalgos y caballeros,
porque siempre llevó mal
presunciones Portugal
de arrogantes forasteros;
mas vos, señor don Rodrigo,
que sois tan cuerdo y cortés,
en cualquiera portugués
tendréis hermano y amigo,
y en mí un nuevo servidor.

Rodrigo

Por mi señor os elijo
que, en fin, en todo sois hijo
de quien siendo embajador
de nuestros reyes aquí,
tiene la opinión en pie
castellana.

Íñigo

Hoy hablaré
al rey, que audiencia pedí.
Paréceme, Estefanía,
que estás triste.

Estefanía

Causarálo,
señor, el tiempo que es malo
y engendra melancolía;
dicen que la peste asombra

todo este reino.

Íñigo

Si das
en eso no vivirás
segura, que a quien la nombra
maltrata su contagión,
y en todo temor mortal
no hace tanto daño el mal
como su imaginación.
Coimbra tiene frescuras,
su río alegres riberas;
cuando divertirte quieras,
si frecuentarlas procuras,
podrás divertir cuidados
que aumenta la ociosidad.

Estefanía

Antes con su soledad
suelen dar pena doblados.
Yo procuraré, señor,
ocupar mis pensamientos
donde no puedan violentos
acrecentar su rigor,
cuando no por otra cosa,
por no darte pena a ti.

Gaspar

El alma, prima, que os di,
viéndoos triste, está quejosa,
porque como por vos vive
juzga, y no sin propiedad,
que no tiene voluntad
quien triste al huésped recibe;
siquiera por forastera
tratarle bien será justo.

Estefanía

Quien vive donde no hay gusto,
¿qué es, don Gaspar, lo que espera?
La tristeza me entretiene;
no sé yo que haya posada
que al huésped esté obligada
a darle lo que no tiene.
Mudarla será mejor
si no se halla bien en ella.

Gaspar

No fuérades vos tan bella
a mostrar menos rigor;
no lo dije yo por tanto,
ni ya podré hacer mudanza;
el amor, que es semejanza,
llorará con vuestro llanto
y alegrándoos estará
alegre, que el mar y amor
no tienen otro color
que el que su objeto les da.

Estefanía

Hoy me habéis de perdonar
si dejo de responderos.

Gaspar

Serviros y no ofenderos
pretendo yo.

Íñigo

Don Gaspar,
dejémosla, que es costumbre
que de su madre heredó
la tristeza; dila yo
muchas veces pesadumbre,
aunque tanto me quería,
si a consolarla llegaba
cuando desta suerte estaba.

Rodrigo (Aparte.) (¡Qué hermosa es la Estefanía!)

Íñigo Haz que te pongan el coche;
sal a pasearte al río.

Gaspar (Aparte.) (¡Qué presto, recelo mío,
os muestra mi Sol su noche!)
¿Apenas salió el aurora
del favor cuando ya veo
nublados en mi deseo?

Íñigo Venid, que debe ser hora
de ir a palacio y querría,
don Rodrigo, hablar por vos
hoy al rey.

Rodrigo (Aparte.) (¡Válgame Dios,
qué bella es la Estefanía!)

(Vanse sino es la dama.)

Estefanía Imaginación tirana,
pues con vos sola me dejan,
decidme ¿qué os aconsejan
penas, que os hacen liviana?;
¿de cuándo acá sois tan vana
que dais audiencia a locuras?;
¿cómo acertaréis a escuras
donde yerran claridades?;
¿por qué amáis desigualdades
ni posibles ni seguras?
¿Este fin será razón
que tengan mis altiveces?

Libertad, que tantas veces
triunfó vuestra presunción,
ya que imitáis a Faetón
cayendo, no os despeñéis
sin que en todo le imitéis,
pues, aunque de seso falto,
Faetón se perdió por alto
y vos por baja os perdéis.
¿A un médico amáis? Callad,
que el publicarlo es locura.
¿Para qué se llama cura
si es la misma enfermedad?
Destruye la voluntad,
¿y a curar cuerpos se allana?
¿Qué medicina inhumana,
qué médico amor es este
que cura pestes y es peste,
que enferma al mismo que sana?
¡Nunca en casa le admitiera
mi padre, nunca llevara
salarios con que matara
a la visita primera,
nunca yo el pulso le diera,
pues para mi perdición,
en fe de ser contagión
de tanta efímera loca,
apenas la arteria toca
cuando abrasa el corazón!

(Salen todos los que primero se entraron y Tello.)

Íñigo Está indispuesto su Alteza
y no despacha este día.
Quiero mucho a Estefanía,

don Gaspar, y su tristeza
obliga a volverme a casa.

Gaspar
¿A quién no dará cuidado
el ver el Sol eclipsado,
señor, que entre nieve abrasa?

Rodrigo
Todos participaremos
de su mal si no mejora.

Gaspar
Y más quien cual yo la adora.

Tello
¡Gentil hospital tendremos!

Íñigo
Hija, mientras sola estés,
tu tristeza aumentarás;
¿por qué al campo no saldrás,
si en él la eficacia ves
con que divierten sus flores
y alegran sus aires puros?

Estefanía
No son remedios seguros
los que acrecientan rigores;
el campo al triste entristece
como la música.

Íñigo
¿En qué
fundas la tuya?

Estefanía
No sé;
nada mi gusto apetece.

Íñigo
Quebrada estás de color.

Tello (Aparte.) (Pues poco valen, o nada,
vasija y virgen quebrada.)

Estefanía Mala me siento señor;
por solo no darte pena
disimulo mis pasiones;
si duermo, imaginaciones
me despiertan; estoy llena
de disgustos, como mal;
aprietos del corazón
me angustian.

Tello ¿Palpitación?
Ramo es de gota coral.

Íñigo Tello, tu alegrar solías
sus tristezas con frialdades;
di algunas.

Tello Las navidades
entretienen y son frías.
Pónganla encima del bazo
diez o doce y sanará;
aunque navidades ya
son en viejas embarazo,
porque aborrecen verdades
y oyen de terrible gana
que digan «doña Fulana
tiene muchas navidades».
El más eficaz remedio
de toda doncella ha sido
cuatro arrobas de marido
sin suegra que se entre en medio.
Récipe que desto coma;

que son muchas dilaciones
esperar dispensaciones
por el prototo de Roma.

Estefanía ¡Échenme de aquí este necio!

Tello ¿Escocióla?

Estefanía ¡Idos de aquí
o iréme!

Tello En el punto di.
No tiene mi ciencia precio;
mas si no sanan fatigas
las recetas que la doy,
tengan, que a buscarla voy
olla, clavos y boñigas.

(Vase.)

(Sale un Paje.)

Paje El médico está, señor,
a la puerta.

Estefanía Entre, y advierta
que al doctor nunca la puerta
se le cierra.

Íñigo Entre el dotor.

(Sale doña Jerónima de médico, cuello abierto pequeño, sotanilla larga, capa de gorgorán con capilla y guantes.)

Jerónima
Dios sea en aquesta casa.

Íñigo
Vengáis, doctor, en buen hora;
no está buena Estefanía.

Jerónima
¿Qué mucho, si es tan hermosa?

Gaspar
¿Pues repugna la salud
a la hermosura?

Jerónima
¿Eso ignora
vuesa merced? Claro está;
que cuando se proporcionan
de las cuatro calidades
los cuatro humores dan forma
a la belleza apacible,
buen talle y gentil persona.
Esto es lo que llama ad pondus
nuestro Galeno, y dél consta
la igualdad y simetría,
saludable y deleitosa.
De aquí nace la belleza,
y esta tal consiste toda
en la sangre delicada
y tiene su esfera propia
en el hígado, y de allí
blanca entrando sale roja
a nutrir todos los miembros
con los cuales se conforma,
siendo carne con la carne,
hueso con el hueso, y toma
de la sustancia que nutre
color, calidad y forma,
porque cada miembro busca

su semejanza amorosa;
de modo que cuanto más
fuere elegante una cosa
tanto más tendrá la sangre
delicada y, si se nota,
por esta causa estará
más expuesta y peligrosa
a cualquiera alteración
que la destemple y corrompa.
Por esto niños y damas
tan fácilmente se aojan;
porque la fascinación
halla resistencia poca
en la sangre que penetra
y ansí al punto que la toca
le pega su calidad,
lo que no hiciera en la tosca.
¿Ve, señor, vuesa merced,
cómo toda dama hermosa
está sujeta a accidentes,
que llama el griego simptomas?

Gaspar — Ello está muy bien probado.

Jerónima — Esta calidad morbosa,
que de malas influencias
aires y gente inficiona,
produce melancolías
y, aunque no enferme, congoja
cualquiera disposición,
si bien unas más que otras,
porque aumenta el atrabilis,
térrea, fría y que provoca
a retiros intratables.

Si vueseñoría, señora,
no procura divertirse,
e imagina estando sola,
tristezas, enfermará,
que imaginatio es axioma
general que facit casum;
y ansí será bien que ponga
con medios preservativos
atajos a esta ponzoña.

Estefanía

No gastéis, señor dotor,
de aforismos tanta copia,
que es almacén ordinario
de todo médico broma;
ved si tengo calentura.

(Dale el pulso.)

Jerónima

No es confirmada hasta agora,
pero dispónese a serlo;
pesado pulso.

Estefanía (Aparte.)

(Amorosa
sangre, decilde mi mal;
sirva la arteria de boca,
pues viene del corazón.)

Jerónima

Vena obtusa; dadme esotra.

(Dale el otro pulso.)

Gaspar (Aparte.)

(¡Que tenga un dotor licencia
tan amplia que lo que goza
el tacto a mí se me niegue!

¡Oh facultad venturosa!)

Rodrigo (Aparte.) (Por Dios que debe de ser
su enfermedad contagiosa,
porque se me va pegando;
¿qué es esto inclinación loca?)

Jerónima ¿Duéleos algo?

Estefanía El corazón.

Jerónima ¿Agora?

Estefanía No, estando sola...
(Aparte.) (Iba a decirle sin veros.)

Jerónima ¿Y qué sentís más?

Estefanía Me ahoga...
(Aparte.) (Mi secreto iba a decirle.)
(A ella.) ...no sé yo qué, que me estorba...

Jerónima ¿El escupir?

Estefanía No, el hablar.

Jerónima Mucílago es pituitosa.

Estefanía Abrásanseme las palmas
de las manos; cuanto tocan
(Dale las dos manos.)
encienden. Tentad, tentad.

Jerónima ¡Brava intemperies!

Estefanía
Soy Troya.

Jerónima
Tenéis toda la región
del hígado, por la cólera,
lesa, que con la pituita
quemándola se incorpora.
Ahora bien, señora mía,
vuesiría se disponga
a preservar accidentes,
que la experiencia diagnóstica
nos indica. Lo primero,
con dieta flemagoga
y algo colagoga, enfrene
cualidades licenciosas.

Estefanía
Dotor, habladme en romance.

Jerónima
Digo que vusía coma
manjar entre húmedo y seco,
pan con anís, y éste en roscas;
carnes, no del todo asadas,
verbi gratia, pavos, pollas,
perdices, lechones, liebres,
ternera, mas no palomas.
Si apeteciere cocido,
mandará echar en las ollas
culantro verde, mastuerzo,
verdolagas o blugosa,
borrajas y yerbabuena,
que mezcladas unas y otras
templarán lo seco y frío;
mas no han de llevar cebolla.
Los peces secos y asados,

de corrientes pedregosas,
no de estanques ni lagunas,
y las salsas olorosas,
sin pimienta ni canela.
Cene a la noche escarolas
cocidas, peras asadas,
guevos frescos y dos gotas
de clarete bien limphato.
Guardarse de estar ociosa,
hacer mediano ejercicio
y echar aparte congojas;
con esto y unos jarabes
que alteren, cuezan, dispongan
esos humores rebeldes,
y cinco píldoras solas,
espero en Dios de dejarla
sana en distancia tan corta
que restituya alegrías
y a sus mejillas sus rosas.

Estefanía

Haced vos eso, dotor,
si mi salud os importa,
que si gustáis, bien podéis,
y de cuanto soy señora
dispondréis a vuestro arbitrio.
(Aparte.) (¡Ay, si me entendiese!)

Jerónima

Sobran
voluntad y medicinas,
pero falta que se pongan
en ejercicio.

Estefanía

Por mí
recetad, que desde agora

estoy puesta en vuestras manos.

Íñigo ¿Cómo te sientes?

Estefanía Mejoran
los enfermos de mi humor
solo con ver de hora en hora
al médico junto a sí.

Gaspar Aunque breve de persona,
sin autoridad de barba
y la edad no muy dotora,
suple lo limpio y pulido
las letras, que serán pocas,
de quien en lugar de textos
gasta el estipendio en ropa.

Jerónima No dan las ciencias los años,
ni es tanta la que le sobra,
señor, a vuesa merced,
que por mí no le responda
el filósofo monarca
en sus problemas curiosas.
Pregunta: «¿Por qué el ingenio
es mayor en la edad moza?».
Y respóndele el poeta
Ausonio: «No porque goza
mil años de vida el Fénix
será razón que se oponga
a los cien ojos con que Argos
alcanza todas las cosas,
que éste en vela siempre estudia
y aquel vive muerte ociosa.
Cedimus ingenium quantum

praecedimus aevo». Ausonia
sentencia, en fin; que Minerva
niña se pinta y hermosa.
Nerva y Celso, de quince años,
la jurisprudencia en Roma
honraron; de diez y nueve,
Augusto triunfó vitorias;
de treinta y dos alcanzó
Galeno el lauro y corona
de Apolo. Felix ingenium
non gaudet aetate longa,
—díjolo Filón judío—.
Ni de mi estatura corta
menor alabanza espero,
cuando el sabio las abona:
Platón toda corpulencia
hace al ingenio enfadosa;
de aquí el adagio amens longus;
de aquí el filósofo axioma
fortior est virtus unita
se ipsa dispersa; y oiga
la causa en que esto se funda
porque o se enmiende o se corra.
La humedad dilata miembros
cuya obediencia es más propia
para el calor natural
que con su aumento la honra.
Por esto el muy corpulento
es muy húmedo, y no hay cosa
de las cuatro cualidades
que así destruya las obras
de la ánima racional
como la humedad, que borra
las imágenes y especies

del discurso y la memoria.
Esto no hay en los pequeños,
cuya sequedad corpórea
no permite que la carne
se dilate correosa,
y no pudiendo extenderse
queda en su estrechez angosta
el ánima más unida;
porque es cualidad heroica
que sutiliza el ingenio
la sequedad, de tal forma
que dijo Heráclito della
esta sentencia famosa:
Est animus sapientissimus
splendor siccus, de forma
que la falta de mi cuerpo
en el espíritu es sobra.
La curiosidad del traje,
ni afectada ni pomposa
sino limpia y aliñada,
en el médico ocasiona
autoridad y respeto,
y más cuando se acomoda
con ella cara apacible,
que praestantissima forma
digna est imperio; y así,
entre seis o siete cosas
que el médico ha de tener,
con que Hipócrates le adorna
en sus Epidemias, pide
que el vestido corresponda
al buen rostro: quod est pulchrum
amicum est; y es forzosa
circunstancia en la belleza

la curiosidad sin costa,
el despejo, buena gracia,
buen olor y buena prosa.

Estefanía

Decidme esas condiciones
que al médico perficionan,
que me entretiene el oíros.

Jerónima

Agrado, lenguaje, forma,
vestido, limpieza, olor,
disminuyen las congojas
del enfermo, si las tiene
el médico, mi señora.
De grosero y desabrido
Galeno a Caliantes nota,
porque entraba deshauciando
y así fue su medra poca.
Primero se han de curar
los afectos que apasionan
el alma que los del cuerpo,
Sol aquella, estotro sombra;
pues si entra a ver al paciente
un dotor, presencia tosca,
mal vestido, peor hablado,
¿cómo es posible que ponga
buen ánimo en sus enfermos?

Estefanía

Es esa verdad tan propia
que de haberos solo oído,
aliviada, me siento otra.
Tornad a verme estos pulsos.

(Dáselos.)

Jerónima ¡Jesús, su mudanza asombra!

Estefanía ¿Qué os parece?

Jerónima Que estáis buena.

Estefanía ¿La color?

Jerónima Jazmín y rosa.

Estefanía ¿Las palmas?

Jerónima Refrigeradas.

Estefanía ¿El aliento?

Jerónima Azahar en pomas.

Estefanía ¿La disposición?

Jerónima Divina.

Estefanía ¿Y la igualdad?

Jerónima Milagrosa.

Estefanía Tomad estos dos diamantes.

(Dáselos.)

Gaspar (Aparte.) (Por Dios que soy, si se nombra
medicina y no amor esto,
en uno y en otro idiota.)

Jerónima Volveré a la noche a veros.

Estefanía Pues ¿adónde vais agora?

Jerónima A recebir una hermana,
que por no estar en Lisboa
donde muere tanta gente
quiere ser habitadora
de Coimbra.

Estefanía ¿Hermana vuestra?

Jerónima Mía, y vuestra servidora.

Estefanía ¿Y ha de llegar hoy?

Jerónima Sospecho
que estará ya en casa.

Estefanía ¿Moza?

Jerónima Y de cara razonable.

Estefanía ¿Doncella?

Jerónima Y escrupulosa.

Estefanía ¿Pues, yo no tengo de verla?

Jerónima Si esa merced se le otorga
en descansando unos días
vendrá a serviros.

Estefanía ¿Se nombra?

Jerónima — Doña Marta de Barcelos.

Estefanía — Y vos el dotor Barbosa.

Jerónima — Como el moreno Juan Blanco,
ellas saldrán por la posta.
(Al padre.) Vueselencia ha de ampararme
en una ocasión forzosa,
donde me va por lo menos
opinión, interés y honra.

Íñigo — ¿Y es la ocasión?

Jerónima — Heme opuesto,
por los que se me apasionan,
a la cátedra de vísperas
de Medicina.

Íñigo — ¡Animosa
resolución!

Jerónima — Sigueme
la juventud que me abona
y algunos graves del claustro
que son los que solos votan.
De oposición leo mañana;
apadríneme aquella hora
vueselencia y sus amigos;
será cierta mi vitoria.

Estefanía — ¿Pues qué hará mi padre en eso?

Íñigo — Iré yo, mi casa toda

y cuantos títulos tiene
esta corte; y si os importa
hablar votos...

Jerónima — Eso no;
mi justicia, señor, sola
es de quien he de valerme,
que los sabios no sobornan.
Guarde Dios a vueselencia
en vida de mi señora
y del señor don Martín.
(Al padre.) Una palabra aquí a solas.
Vueselencia no la trate
en este tiempo de bodas
que, aunque a don Gaspar se inclina,
cualquiera acción imperiosa,
en tiempo que es tan enfermo
y en complexión melancólica,
censa la imaginativa,
y es fuerza que descomponga
la sangre y dañe el celebro.
Alma quieta y vida ociosa
piden tiempos apestados.

Íñigo — Pondráse todo por obra;
volved a la noche a verla.

Jerónima — Lo que he dicho cene y coma;
y a Dios.

Estefanía — Traed vuestra hermana
a verme, doctor Barbosa.

(Vanse las dos, y don Martín.)

Íñigo
Es notable habilidad.

Rodrigo
Lucidos años, por cierto,
en tal juventud.

Íñigo
Su acierto
es tanto en esta ciudad
que a él solo se le atribuye
la común salud que goza.

Gaspar
Con todo eso, edad tan moza
en medicina no arguye
seguridad al temor,
si es adagio verdadero
que ha de ser mozo el barbero
y con canas el dotor.

Íñigo
Dícenlo por la experiencia
que adquieren maduros años;
pero excusan de esos daños
el estudio y la asistencia;
todo el ingenio lo pasa.
Él tiene grande opinión
aquí y yo satisfación
de que visite mi casa;
ved en doña Estefanía
comprobada esta verdad.

Rodrigo
Mucho hace la voluntad
del enfermo cuando fía
del médico su salud
si tiene fe en él.

Gaspar — Pues yo
no le diera el pulso.

Íñigo — ¿No?
¿Por qué?

Gaspar — Es mucha juventud
para el estudio y desvelos
que pide su ciencia.

Íñigo — Mal
le queréis.

Gaspar (Aparte.) — (Será señal
de que me abrasa de celos.)

Íñigo — ¿Qué os ha hecho?

Gaspar — ¿Qué? ¿Pues puede
hacerme a mí mal, señor,
una pizca de dotor?

Íñigo — ¡Y cómo!

Gaspar — ¿A mí?

Íñigo — Cuando os vede
la cosa que más amáis
conoceréis que es cruel.

Gaspar — Si no me curo con él
¿qué ha de vedarme?

Íñigo — No estáis

en el caso y es forzoso
el notificaros yo
lo que aparte me ordenó.
El tiempo anda peligroso
y todo ánimo ocupado
la salud llega a ofender;
ya sabéis que la mujer
no tiene mayor cuidado
que el casamentero.

Gaspar Sí.

Íñigo En llegando a tratar desto
hasta el sueño le es molesto.
Dice, pues, que como os di
palabra de yerno, en ella,
puesto que os tiene afición,
aquesta imaginación
con su sosiego atropella,
y que la sangre que cría,
como es sutil y ligera,
y el tiempo enfermo, se altera
y para en melancolía;
que mientras la peste pasa
desta pena la excusemos,
en divertirla tratemos
y que vos la habléis con tasa;
que ociosa y entretenida
podrá conservar mejor
para otro tiempo su amor.
Ya veis, si estimáis su vida,
que esta receta es forzosa;
así lo podéis hacer
porque yo he de obedecer

en todo al dotor Barbosa.

(Vase.)

Rodrigo (Aparte.)

(Y yo por esa receta
mil gracias a darle voy;
con celos amando estoy,
pasión, si loca, discreta.
Pues hablarla le limita
ya le debo este favor;
visitemos al dotor,
celos, que a mi bien visita.)

(A don Gaspar.)

Todo lo que se dilata
en amor de prometido
trae, don Gaspar, añadido
de gusto; curarse trata,
triste, vuestra prenda hermosa;
si su dueño habéis de ser,
paciencia y obedecer
en todo al dotor Barbosa.

(Vase.)

Gaspar

Para confirmar temores
desta sospecha homicida
basta y sobra el ver que impida
el médico mis amores.
Mi dama es toda rigores,
puesto que afable y piadosa
premiaba mi fe amorosa;
¿qué mucho? es al fin mujer.
Celos, ya empieza a temer
mi amor al dotor Barbosa.
Cuando no le ve está triste

y en viéndole toda es gozo;
el es despejado y mozo;
cúrala, a su pulso asiste;
poco la sangre resiste
si la ocasión la provoca;
si llega y arterias toca
comunicarále penas;
¿quién vio que amor por las venas
hablase y no por la boca?
Que la vaya a ver me quita
porque de mí se divierta;
patente para él la puerta
que para mí se limita;
¿él una y otra visita
y a mí tanta privación?
Médica jurisdición,
malicioso estoy; ¿qué quieres
de ocasiones y mujeres,
ella mujer, tu ocasión?
¡Oh médicos, que inhumanos
con los cuerpos sois, dejad
las almas con libertad,
que ya perseguís tiranos!
Dos veces le dio las manos
y a tocarlas le importuna;
envidie amor su fortuna
y llorad desdicha vos;
él manos de dos en dos,
yo con celos y ni aun una.
Forzaránme mis desvelos
a hablarle y no dispensando
retiros que estoy dudando
vengaránse mis recelos.
No hay médicos para celos,

que es incurable y furiosa
la pena que los acosa;
parta visitas conmigo
o llámeme su enemigo
desde hoy el dotor Barbosa.

(Vase.)

(Doña Jerónima de mujer, y Quiteria, con mantos.)

Jerónima

Quiteria mía, esto pasa.
Solo descanso contigo;
nuevamente mi enemigo
por dama nueva se abrasa;
nuevamente está por mí
loca doña Estefanía,
y nueva la pena mía
es viejo mi frenesí.
Todo se imposibilita;
don Gaspar, ciego, apetece
voluntad que le aborrece;
su dama en esto le imita,
pues amándome, ya ves
cuán incurable es su mal;
amo yo con pena igual
y engañámonos los tres.
¿Cómo hallaré la salida
de tan encantada Creta?

Quiteria

Si no la da algún poeta
no la esperes en tu vida.
¡Buen fin a nuestro viaje
ha dado tu ciego amor,
buena disculpa a tu honor,

buen fin a nuestro viaje!
Don Gonzalo está en Pamplona
peleando y cuanto gana
echando a perder su hermana.
Yo no sé de qué blasona
la ciencia en que te señalas
si a tal locura te obliga;
pero diré que a la hormiga
por su mal le nacen alas.
Tú en Coimbra en opinión
de otro Galeno; no hay hombre
que en viéndote no te nombre
el Hipócrates capón.
Visitas a bulto y ganas
dineros restituibles;
haces curas imposibles,
matas veinte, cuatro sanas;
ya sabes andar a mula;
ya tiras, que es lo mejor,
gajes de un embajador;
ya en paredes te rotula,
—aunque en esto decir puedes
que a la vergüenza te saca—,
tu fama y de puro flaca
la pegan a las paredes.
Das en querer catedrar
de vísperas, o maitines,
con que médicos ruines
no te acaban de envidiar,
sin que haya en ellos quien hable
en favor de tus recetas,
que en médicos y en poetas
la envidia es sarna incurable;
y para aliñarlo agora

finges que una hermana tienes
y que a recibirla vienes;
quiere verla tu señora
y, aunque a todos satisfaces,
nunca acabas de mirar
que en alguno te has de errar
si tantos papeles haces.

Jerónima — ¿Ves todo eso? Pues de todo
habemos de salir bien.

Quiteria — Ruego al cielo que no den
con nosotras en el lodo.
¿Dónde vamos de mujeres?

Jerónima — A ver a la Estefanía,
causa de la pena mía

Quiteria — ¿Pues, qué es lo que enredar quieres?

Jerónima — Ello dirá.

Quiteria — Don Gaspar
es aquel, y su criado.

Jerónima — Tápate.

(Tápanse.)

Quiteria — Ya me he tapado.

(Salen don Gaspar y Tello.)

Tello — ... sospecho que ha de posar

allí, de donde salieron
las sebosas embozadas.

Gaspar ¿También hay acá tapadas?

Tello De Castilla lo aprendieron.

Quiteria Nuevas tramoyas comienzan.

Tello Ya aguardan; hablarlas puedes.

Gaspar Dios guarde a vuesas mercedes.

Jerónima Fidalgo, os anjos vos veean.

Tello ¿Los ajos han de vencer?
¿Pues aquí somos villanos?

Gaspar Calla.

Tello Somos castellanos
y allá no se usa comer,
sino entre rústicos bajos,
ese cavador manjar.

Gaspar En fin, ¿no quieres callar?

Tello ¿Por qué han de vencer los ajos?

Gaspar Los ángeles, majadero,
nos bendigan, dice.

Tello Ansi...
¿Los ángeles? Eso sí.

(Saca una mano sin guante doña Jerónima.)

Gaspar
¡Ay, qué mano!

Tello
De mortero.
Ensébanlas las hermosas
que en nuestra Castilla están;
considera tú qué harán
siendo aquí todas sebosas.

Jerónima
Deixaimos passar diante,
que temos presa.

Gaspar
Esperad,
y primero me avisad
si es la cara semejante
a esa mano, que ha mil días
que no la he visto tan bella.

Jerónima
Ainda melhor.

Gaspar
¿Mejor que ella?

Jerónima
Nao; me enjeitam; zombarias;
ficai, fidalgo, com Deus;
que nao falo a castelhanos.

Gaspar
Ni yo busco sino manos
que ansí hechizan los deseos;
si es igual vuestra hermosura,
deme esa mano un favor.

Tello
Come manos mi señor,

que es amante de grosura.

Gaspar — Calla necio. Demos traza
de que yo dos dedos vea
de cara, que me recrea
vuestro aire.

Jerónima — ¡Tamanha graça!
¿Vindes doido?

Gaspar — Loco vengo
y de pérdida, por Dios.
¿Queréis despicarme vos?
Amor a una dama tengo
con muchos inconvenientes.

Jerónima — Se fore desengraçada,
enfadadiza, escoimada,
vós lhe arreganhai os dentes
a agachar-se-vos-há logo,
porque com mimos ninguém
de nosoutras quere bem.
Assentai com ela o jogo
desde hoje assim, e nao cureis
de mais cà nem de mais là.

Gaspar — Quien tales consejos da
diestra está en amar. ¿Queréis
autorizar con la cara
tan sazonado consejo?

Jerónima — ¡Ó, que enfadonho e sobejo!

Tello (A Quiteria.) — Quitemos esa antipara

también acá, y muestre a ratos
ribetes vuestra hermosura.
Destápate, ninfa escura.

Quiteria
Tirai-vos là esfola-gatos.

Tello
Afrentóme; hola, señor,
en lenguaje portugués
esfolagatos ¿qué es?

Jerónima
Dexai-nos ir.

Gaspar
A un dotor
buscaba que vive aquí,
mas después que os llegué a ver
pienso que no es menester.
De cuantas bellezas vi
en esta corte ninguna
cuidado de amor me da
y no sé qué me hace acá
vuestro donaire; solo una
hablé en Sevilla, tapada,
que se os parece no poco
en el talle; mi amor loco
de medios ojos se agrada.
¡Ay, si fuésedes tan bella
como voy conjeturando!
¡Si por vos fuese olvidando
el desdén que me atropella;
si mi amor, que a ciegas anda,
se quedase en Portugal;
si fuésedes principal,
si cariñosa, si blanda!
¡Qué bien mi suerte se aliña!

¡Qué bien mi amor se mejora!
Descubrid el Sol, señora;
acabad.

Jerónima — Ai mana minha.

Gaspar — Perdonad mi desvarío.

Jerónima — Nao me deis enfadamento.

Gaspar — Lastimaos de mi tormento.

Jerónima — ¿Pois eu, fidalgo, pario?

Gaspar — No me paristes, mas sé
que habéis de ser contrayerba
de una voluntad proterva
que desconoce mi fe.
Su despego me desmaya,
en desdén favores trueca
y, aunque es hermosa, es muy seca.

Jerónima — ¿He seca? Pois burrifaya.

Gaspar — Haced lo que os tengo dicho,
que si deste golfo salgo
por vos, a fe de fidalgo
y caballero...

Jerónima — Bom bicho.

Gaspar — ... que si al talle y al olor
la calidad y belleza
corresponde, si nobleza

tenéis, que mude de amor
y de un mayorazgo os haga
dueño, que en Castilla heredo.

Jerónima ¿Morgado tedes?

Gaspar Toledo
de sus propios me le paga.

Jerónima De manera esconiurando
falais, que por derradeiro
a fazer lo que naom queiro
foroais; vindivos chegando.

(Apártanse los dos.)

Tello ¡Miren allí qué meollo!
Tantas quiere cuantas ve.
(A Quiteria.) ¿Yo contigo no podré
tantico?

Jerónima Cataime este ollo.

Tello ¿Ojos catas? ¿Es melón?

Gaspar ¡Qué hermoso negro rasgado,
qué risueño, qué alentado!
No tiene comparación
el Sol con él.

Jerónima Pois catai
estoutro.

(De medio ojo le enseña el otro.)

Gaspar

Entre dos hermanos
tan bellos y en tales manos
me pierda yo.

Jerónima

Pois ollai...
mais naon, que he meu hirmaon aquele.
Martiña, entremos em casa.

Gaspar

¿Vuestro hermano?

Jerónima

Ollai, la pasa.

Gaspar

¿El dotor?

Jerónima

Meu hirmaom he ele.

Gaspar

¿Hay tal cosa?

Jerónima

Cavaleiro,
si naom cuidais de utra boda
mostrovos a cara toda;
ollai que muito vos queiro.

(Descúbresele toda la cara y vase.)

Gaspar

Cara con tal circunstancia
de mi amor es piedra imán.

Tello

¿Vaste?

Quiteria

A ruar.

(Vase Quiteria.)

Tello ¿A Ruan?
Esos son pueblos en Francia.

Gaspar Tello, esta mujer me ha muerto;
desde el punto que la vi
tapada el alma la di
y ya que se ha descubierto
mil almas tener quisiera
que ofrecerle cada día.

Tello ¿Pues de nuestra Estefanía,
qué has de hacer?

Gaspar Echarla fuera.

Tello ¿Y de doña Micaela?

Gaspar Desterrarla por tirana.

Tello ¿Y de nuestra sevillana?

Gaspar Ni la vi, ni me desvela.

Tello ¿Y estotra?

Gaspar Triunfa imperiosa;
es serafín, no es mujer.

Tello Luego habremos menester
desde hoy al dotor Barbosa.

Gaspar A darle quejas venía,
mas ya gracias le daré

por la hermana en quien mudé
memorias de Estefanía.
¿Hay tal mano, rostro tal,
tal lengua, tanto donaire?
Todo lo demás es aire
con damas de Portugal.

Tello — Del de tus cascos me avisas,
según a todas acudes;
¿bueno es que en un año mudes
tres mujeres? ¿Son camisas?

Gaspar — Ellas ocasión me han dado.

Tello — ¿Y haste de casar con esta?

Gaspar — ¿Qué sé yo? Si es tan honesta
como hermosa...

Tello — Estás picado.
Duerme primero sobre ello
y advierta tu ciego amor
que es hermana de un dotor.

Gaspar — Mejor dirás, ángel, Tello.

(Sale doña Jerónima de dotor y don Rodrigo con ella.)

Jerónima — También es enfermedad
el amor y, aunque es afecto
del alma cuyo sujeto
es, señor, la voluntad,
como obra por instrumentos
corporales y es pasión

que asiste en el corazón,
suelen los medicamentos
hallar cura en la experiencia,
que el alma espiritual
presa en el cuerpo mortal
(Tómale el pulso.) obra siempre a su presencia.
El pulso tenéis amante;
si Erasístrato viviera
fácilmente os conociera;
mas si el mal fuere adelante,
medios refrigerativos
habrá que ese daño aplaquen,
sangrías que el fuego saquen
y antídotos curativos.

Rodrigo En la pasión que me abrasa,
guardad silencio, dotor.

Jerónima El médico y confesor
son mudos. ¿Junto a mi casa
tal bien, señor don Gaspar?
Téngase por venturosa.
¿Qué mandáis?

Gaspar Dotor Barbosa...

Tello Barbosa, mas sin barbar.

Gaspar ... de vos sola mi esperanza,
mi vida y mi amor se fía.

Jerónima Eso a doña Estefanía.

Gaspar (A Tello.) No he visto tal semejanza.

Tello Si son hermanos, ¿qué mucho?

Jerónima Mataréisla si este mes
la habláis; tiempo habrá después.

Gaspar Tengo que hablaros.

Jerónima Ya escucho.

Gaspar Pero imposibles intento,
que os tengo por enemigo.
¿Tiene también don Rodrigo
que le curéis?

Rodrigo No me siento
bien dispuesto de hoy acá.

Gaspar La peste pone temor.

Rodrigo (Aparte.) (¿Qué peste como el amor?)

Gaspar ¿Vais a casa?

Jerónima Voy allá.

Gaspar ¡Qué dello os he menester!

Jerónima La Estefanía os apura.

Gaspar No dotor, mi muerte y cura
tenéis en casa.

Jerónima A entender

os dad.

Gaspar
Son ansias secretas.

Tello
Deben de ser almorranas.

Jerónima
Drogas enfermas y sanas
tiene mi ciencia en recetas.
Mirad que me habéis de honrar
los dos en mi oposición,
porque me va la opinión.

Rodrigo
¿Pues eso habéis de dudar?

Jerónima
Venid.

Gaspar
¡Notables sucesos!

Tello
Sepa señor dotor tilde
que en la parte más humilde
me matan nueve diviesos.

Jerónima
Pues luego al punto se sangre.

Tello
¿Son postemas?

Jerónima
Sospechosas.
Echaos luego cien ventosas,
sacaos veinte onzas de sangre.

Tello
¿Esas son onzas o tigres?
¿Veinte? ¿Y cien ventosas?

Jerónima
Sí.

Tello ¿Soy yo buey?

Gaspar Tello, hazlo ansí
si quieres que no peligres.

Tello ¡Cuerpo de Dios! ¡Veinte y ciento!
No habrá, recetas barbosas,
viento para cien ventosas
en cien molinos de viento.

Fin de la segunda jornada

Jornada tercera

(Salen todos los de la comedia, menos las dos mujeres; detrás el rey, y a su mano izquierda doña Jerónima con capa, calza y gorra y muceta amarilla, y sobre la gorra borla del mismo color; música y vítores.)

Jerónima

Mezcla vuestra majestad
lo grave con lo apacible,
causando amor y respeto
al soberbio y al humilde,
y en mí eterna obligación
de que estudios le dedique,
con que honrándome celebre
merced tan nueva e insigne.

Rey

Dotor, vuestras muchas letras
en años tan juveniles
merecen que yo las honre
porque los demás se animen.
La cátedra que llevastes
y soluciones sutiles
que soltaron argumentos
es justo que se confirme
con que en mi cámara entréis
y desde hoy el pulso os fíe
la reina, en cuya salud
la de Portugal consiste.
Dotor de cámara sois.

Tello

Si a mí me hicieran de orines...

Gaspar

¡Ah, necio!

Tello

¿Pues qué tenemos?

Veráslo si me hace el brindis.

Jerónima

Deme esos invictos pies
vuestra alteza, y los felices
siglos de la antigüedad
en vos nuestra España admire.
Más precio vuestra alabanza
que las que historias escriben
dio a Galeno Marco Aurelio;
aunque Atenas sacrifique
a Hipócrates por su dios,
mientras estatuas le erige
que en oro honren su areópago;
aunque Justiniano estime
a Oribasio por su Apolo
y con Octaviano prive
su médico Antonio Musa,
con Alejandro Felipe,
no igualan a las mercedes,
gran señor, que se me siguen
de vuestra real alabanza,
mas como Séneca dice
aquel qui laudandum laudat,
se ipsum laudat.

Tello

Con latines
nos dan la muerte afeitada
aquestos engañasimples.

Rey

Id a visitar la reina,
dotor, desde hoy, que está triste
y tengo en vos mucha fe.

(Vase.)

Jerónima
Nuevos orbes se os humillen.

Íñigo
Gocéis la plaza, dotor,
muchos años, que autoricen
la cátedra vitoriosa
que hoy justamente os recibe.

Jerónima
No esperaba menos suerte
quien a vueselencia sirve,
pues siendo yo su criado
era forzoso seguirse
tal dicha tras tal favor.

Íñigo
Ni será razón se olvide
por los cargos de palacio
la salud que en vos consiste
de Estefanía.

Jerónima
                    ¡Jesús,
señor! ¿Eso ha de advertirme
vueselencia cuando sabe
lo que medro yo en servirle?
Al momento parto a verla.

Íñigo
No quiere que la visite
otro médico; pagalda
la fe que os tiene.

Jerónima
                              Ni impiden
estorbos obligaciones.
Yo espero restituirle
a vuestra excelencia el gusto
que su salud le apercibe.

(Vase.)

Martín

La de prima gocéis presto,
señor dotor.

Jerónima

Porque estimen
más a quien es vuestro esclavo.

(Vase.)

Gaspar

Y porque yo participe
de vuestras dichas también,
como espero, aunque no os dije
cosas que en orden a esto
será razón que os obliguen,
deseo yo vuestras medras.

Jerónima

Ya entiendo; si lo permite
el tiempo, que ya mejora,
aunque desde ayer no vistes
vuestra dama, yo os prometo
que la ausencia que os aflige
dure poco. No os dé pena
que por hoy os la limite.

Gaspar

¡Qué mal tomáis a mi amor
el pulso, pues que no os dije
cuán diversos accidentes
son ocasión que se entibien
memorias de esa persona!

Jerónima

Aunque el dotor pronostique,
cuando es sabio, no sé yo

que haya alguno que adivine.
Si me habláis escuridades...

Gaspar

Es mi voluntad esfinge;
ella se declarará
si a solas queréis oírme.

Jerónima

Por hoy tengo ocupaciones
catedráticas; decidme
mañana lo que gustéis
porque dese mal os libre.

Gaspar

Largo plazo, pero vaya.

(Vase don Gaspar.)

Tello

Dotor para con chapines,
que con la amarilla borla
puede llamarse Amarilis,
en mí los tales diviesos
son de linaje de chismes,
que unos van naciendo de otros
y me abrasan los cojines.
No hay en todo Portugal
vidriero que se obligue
a labrar tanta ventosa
como mandáis embestirme.
Pues si de sangre me sacan
veinte onzas o veinte tigres,
la cuba de Sahagún
se despulsará; aforisme
vuesa merced cien cerotes
que el orbe me circulicen,
así esa cara barbeche

y salga tenor de tiple.

Jerónima
Que me place, señor Tello;
la parte lesa se bizme
con unos polvos que atajen
el dolor.

Tello
Pues polverice.
¿Cuántos y de qué?

Jerónima
Seis onzas
de pimientos.

Tello
¡Puto!

Jerónima
Piquen
medianamente, de modo
que en breve los cautericen,
porque son ramo de peste,
y juntamente se aplique
de alumbre con albayalde
un adarme, y de salitre
seis escrúpulos.

Tello
Por Dios,
dotor, que no escrupulices,
si tienes buena conciencia,
remedios que me acribillen.

Jerónima
Pues morirá de otro modo.

Tello
¿Pimientos? ¿Soy yo caribe?
¿Yo albayalde? ¿Tengo usagre?
¿Quién vio salitrar cuadriles?

Jerónima

Haga lo que yo le ordeno,
y a mi cuenta.

Tello

Cicatrice
rezagos del Tamorlán
quien tales emplastos pide.
¡Salitre! ¿Soy yo arcabuz?
¡Pimientos! ¿Soy yo cacique?
¡Alumbre yo, y no de pajas!
¡Fuego en médicos meñiques!

(Vase.)

Rodrigo

Entre tantos parabienes,
si no es que se desestimen
los míos por ser postreros,
bien merecen preferirse
a los demás, pues sabéis
que no hay quien se regocije
como yo con vuestras honras
desde que a esta corte vine.
En fe, pues, destos deseos
y albricias de que os sublime
el cielo a pulsos de altezas
que rijáis años felices,
bien será, dotor Barbosa,
que de la pasión que os dije
y por instantes me abrasa
vuestra experiencia me alivie;
vine, vi y amé celoso.

Jerónima

Eso es porque simbolice
con lo que a Roma escribió
Cesar: Veni, vidi, vici.

Rodrigo

Amé, en fin, tan brevemente
que juzgo por imposible
que sea amor el que me quema;
porque si el amor consiste
en reiterar asistencias,
comunicar apacibles
simpatías, y primero
es forzoso que se incline
una alma y que poco a poco
venga el fuego a introducirse
por previas disposiciones
que las contrarias resisten,
¿cómo podré yo dotor
en un instante rendirme
a unos ojos que tan presto
me hicieron su combustible?

Jerónima

Filósofo habláis. Sabed
que amor, que en la vista asiste,
es tal vez fascinación
y ésta tarde o nunca admite,
si halla el sujeto dispuesto,
dilaciones, porque el lince
en un instante penetra
impedimentos visibles.
Llegan, mediante la luz,
especies que se dirigen
por los rayos visuales
al objeto y dél reciben
la calidad contagiosa,
que al retroceder admiten
los ojos con los retratos
que traen para que los mire.
Luego, el sentido común

manda que se depositen,
—digámoslo ansí— en su sala,
donde materiales viven.
Toda esta acción es corpórea;
llega luego el alma y pide
al entendimiento agente
que las inmaterialice
y vuelva espirituales,
que como no se las guise
a su modo y proporcione
ni las digiere ni admite.
Formada la intelección,
la voluntad, que es quien rige
todo el hombre, como reina,
o la reprueba o elige.
Destas dos operaciones,
la primera se divide
de esotra por ser corpórea;
la que en los ojos asiste
en un instante retrata
lo que la mandan que mire,
volviendo con las especies
que de lo que vio se siguen.
Si el objeto que miró
era hermoso, apetecible,
y conformidad de estrellas
causan a que se le incline
el natural apetito
que está en la concupicible,
al momento lo desea,
si estorbos no se lo impiden.
La voluntad, que del alma
es potencia noble y libre,
viendo espiritualizada

la imagen con que la sirven
produce luego el amor,
sin que los astros la obliguen,
con la apariencia del bien
que es el objeto que sigue.
Y a este tal, cuando a ella llega,
haciendo que le apadrine
el apetito animal
con cartas de favor rinde
privilegios voluntarios
si no es que constante y firme
el albedrío se oponga,
que el sabio siempre resiste.
Como el alma y sus potencias
tienen acciones sutiles
por ser espirituales,
sin que tiempo necesiten,
obran instantáneamente
y así el amor que las sigue
puede, según más o menos
es su objeto apetecible,
amar aprisa o despacio;
y quien esto contradice
no sabe filosofar,
ni por sabio ha de admitirse.
De modo que si al instante
que vos vuestra dama vistes
la amastes es porque en ella
vinieron a un tiempo a unirse
influencias de los cielos,
simpatías apacibles,
fascinación amorosa
y proporciones felices.
No han hecho menor efeto

en ella, si he de regirme
por sus pulsos que pregonan
las prendas que en vos compiten
con las del que se os opone,
pues desde que os vio anda triste,
con don Gaspar intratable
y con vos menos terrible.
Dejadme a mí el cargo desto
que, aunque yo no vaticine,
no en balde impedí el hablarla
don Gaspar. Apercebidme
para guantes cuando estéis
en altura tan sublime
que con título de esposo
mis curas os maravillen;
y a Dios, que hay muchos enfermos.

(Vase.)

Rodrigo

Hazlo tú como lo dices,
¡oh, médico prodigioso!
y cuanto quisieres pide.
¡Vive Dios que ha dicho bien!,
pues desde el punto que vine,
desdeñando a don Gaspar
con los ojos le despide.
¿Mas si a su instancia el dotor
ha ordenado que le priven
de hablarla? Bien puede ser,
pues no sin misterio dice
que ocasiono su tristeza.
¿No es mujer? ¿No me apercibe
a amarla un dotor tercero?
Pues el vencerá imposibles,

que hay médicos in utroque,
criminales y civiles,
con billetes por recetas
que a amor y a Galeno sirven.

(Vase.)

(Sale don Gaspar y Tello.)

Gaspar
En achaque del dotor
vengo a verla.

Tello
¿Luego aun dura
el tema de tu locura?

Gaspar
Estoy perdido de amor.

Tello
Tendrá su achaque de bruja
y atizará aquesa llama
hasta topar otra dama
que la saque de la puja,
que con esta ya es la cuarta
que hemos mudado.

Gaspar
¿Qué quieres?
Entre todas las mujeres...

Tello
¿Rezas?

Gaspar
... sola es doña Marta
digna de ser adorada.

Tello
Yo que rezabas creía
por ella el Ave María.

Gaspar
Tello, ¿no es cosa cansada
verte siempre de un humor?

Tello
«Entre todas las mujeres,
—dicen— bendita tú eres
los que rezan; si tu amor
da en hereje ¿qué te espantas?»

Gaspar
No mezcle tu desatino
lo humano con lo divino.

Tello
Ni mudes tú damas tantas.
Estamos en tierra ajena;
el recato portugués
con las mujeres ya ves
que libertades enfrena.
El uso desto te avisa;
toda doncella de casa
no sale hasta que se casa
ni aun los domingos a misa.

Gaspar
Eso será en las aldeas.
Tello, no son de ese porte
privilegios de la corte,
ni tú mi agorero seas.
En su cátedra ocupado
su hermano me da lugar
de poderla visitar;
ya sabes con el agrado
que corriendo a su hermosura
velos, dijo, cavaleiro,
ollai que muito vos queiro.
Gocemos la coyuntura

de hablarla y ver si en su casa
es tan agradable y bella
como juzgué al salir della.

Tello

Por mí vaya, mientras pasa
otra que en todo distinta
te pique por despicarte
destotra y nos desenmarte;
vendrá a ser la dama quinta.

(Sale doña Jerónima de médico.)

Jerónima

¿Segunda vez don Gaspar
en mi barrio y a estas puertas?
Si en Castilla están abiertas
dando ocasiones lugar
que logren sus intereses,
acá las cierra el honor,
porque del modo que amor
son los celos portugueses.
¿Qué pretendéis vos aquí?

Gaspar

No tenéis por qué alteraros
si advertís que vengo a hablaros.

Jerónima

Andáis huyendo de mí
y rondándome la calle.
Sabéis que tengo una hermana;
no quitáis de la ventana
los ojos... ¡Muy gentil talle
para venirme a buscar!
Dejarme con don Rodrigo
agora y hacer testigo
al que os viere registrar

mis puertas de liviandades
que culpen vuestra nobleza.
La castellana llaneza
permite allá ociosidades
que por acá lleva mal
la gente menos sencilla.
Mientras no estéis en Castilla,
vivid como en Portugal
y hayámonos bien los dos,
que entre libros y recetas
guarda también escopetas
mi estudio.

Tello — ¡Zape! Por Dios
que es el dotor desbarbado
hombre de sangre en el ojo.

Gaspar — Desembarace ese enojo
la pena que os he causado
y escuchadme como amigo.

Jerónima — ¿Qué me podéis vos decir?

Gaspar — Si no me queréis oír
mal lo sabréis.

Jerónima — Decid.

Gaspar — Digo:
Yo, puesto que no estudié
si amor es filosofía,
sé que doña Estefanía
todas las veces que os ve
del mal que la desatina

se aligera y que, los dos
entendiéndoos, halla en vos
su médico y medicina.
De aquí proceden impulsos
de amor más que de tristeza;
de aquí el gastar su belleza
tanto tiempo en daros pulsos,
que son índices del alma;
el pediros que templéis
fiebres que vos encendéis;
daros una y otra palma,
que como consiste en tactos
vuestra facultad dotor,
el médico y el amor
todo es físicos contactos.
De aquí en fin el limitarme
que la diga mis desvelos,
ya porque vos tenéis celos,
ya porque ella en desdeñarme
por vuestra causa se emplea.

Jerónima

Baste, señor don Gaspar,
que no es noble el maliciar
sino villano en su aldea.
Yo soy hombre de opinión
y hasta agora nadie ha habido
que haya, cual vos, deslucido
la médica profesión
ni la justa confianza
que todo el mundo hace della.

Gaspar

No sé si yerra en hacella
quien sus peligros alcanza.
Lo que acabo de deciros

no ha sido para ofenderos
sino solo para haceros
mi amigo y para serviros.
Pretendo certificaros
de cuán poca competencia
os ha de hacer mi asistencia,
si gustáis aseguraros,
con que quedemos los dos
deudos por afinidad.

Jerónima — No os entiendo.

Gaspar — La beldad
en que retratándoos vos
puso el cielo en vuestra hermana
tiene en mí tanto poder...

Jerónima — ¿Pues vístesla vos?

Gaspar — Ayer,
honrando aquella ventana.
... Que por no obligar desdenes
de quien enferma por vos
quisiera que entre los dos
partiésemos nuestros bienes,
yo cediéndoos el derecho
que tengo en Estefanía
y vos... ¿Cómo os dejaría
desta verdad satisfecho?
Y vos, en fin, no rehusando
que con medios permitidos,
mientras hacemos partidos
que amoroso voy trazando,
supiese la calidad

que el cielo a los dos os dio;
que si, como pienso yo,
hallo en aquesta ciudad
quien vuestra limpieza apruebe,
sin que en el dote repare,
cuando esposa la llamare,
hará mi amor lo que debe
habilitándoos a vos;
pues siendo, en fin, mi cuñado,
quedáis más autorizado
para que podáis los dos
lograr vuestros pensamientos,
y más quedando a mi cargo
defenderos.

Jerónima
Cuento largo
y arena los fundamentos.
Don Gaspar, yo os doy mi fe
que si en la sangre estribara
lo que vuestro amor repara,
aunque médico, no sé
quién a quién hace ventaja,
que en la hacienda cierto estoy;
que si tan rico no soy
no es mi fortuna tan baja
que a faltar, mil años viva,
un mi hermano, no adquiriera
mayorazgo que os pudiera
admirar; pero no estriba
aquí la dificultad,
que siendo médico yo
de cámara ya adquirió
principios mi calidad
con que atesore intereses,

que aunque entran necesitados
siempre mueren hacendados
médicos y ginoveses.
Yo estudié la medicina
por inclinación no más,
sin que intentase jamás
que facultad tan divina
fuese de pane lucrando;
en cuanto a esto, es cosa llana
que os estaba bien mi hermana.

Gaspar ¿Pues en qué estáis reparando?

Jerónima ¿He de decirlo, en efeto?

Gaspar No me suspendáis ansí.

Jerónima Curo a cierta dama aquí
—por hoy perdone el secreto—
que os tuvo en Castilla un mes
hospedado.

Gaspar ¿A mí en Castilla?

Jerónima Y de medio ojo en Sevilla
sé yo que os habló después
no sé yo en qué gruta o fuente.

Gaspar ¿Esa mujer está aquí?

Tello Bruja es que viene tras ti.

Gaspar ¡Válgame el cielo!

Jerónima
Excelente
hombre sois para engañar.

Gaspar
¿Yo? ¿Cuándo, cómo o en qué,
si no la vi, la engañé?

Jerónima
¿No la vistes don Gaspar?
Pues si palabra la distes
por lo menos de marido,
si los dos Eneas y Dido
en amor y engaños fuistes,
si huyendo requisitorias
la dejastes agraviada,
si os siguió y apasionada
de que olvidéis sus memorias,
por vos a la muerte ha estado,
¿es nobleza, es cortesía
dar a doña Estefanía
la pena que la habéis dado?
Vos causastes su tristeza;
por eso severa os mira,
os desdeña y se retira,
y no porque su belleza
agravie en tales empleos
como los que maliciáis
en mí; ved cuán bien lográis
esperanzas y deseos.
Según esta información,
¿fiaros mi hermana puedo?
Muerto por vos en Toledo
un hombre; sin opinión
por vos doña Micaela
con cartas que sin firmar
la intentaron desdorar,

¡civil y baja cautela!
Una dama sevillana
que vuestros engaños llora
y una embajatriz agora
que despreciáis por mi hermana.
Dejáos de burlar bellezas
y cumplid como cristiano
caballero y castellano
palabras contra bajezas
indignas de sangre tal,
antes que noticia den
a quien, cuando no por bien,
os haga casar por mal.

(Vase.)

Gaspar ¿Qué es esto, Tello? ¿Qué es esto?

Tello ¿Qué sabe Tello? ¿Qué sabe?
Si tú tiraste ese cabe
cumple el juego y paga el resto.
¡Bueno es que en Castilla goces
dama, sin saberlo yo,
que en el Alcázar te habló,
que vino aquí y me des voces!

Gaspar ¿Yo en Castilla? ¿Yo gozar?
¿Yo hospedado della un mes?

Tello Gallo en damas y después
gallo en el no te acordar.
No es mucho lo que te importo;
¿sin mí y en tal ocasión?
Cinco ya las damas son;

no darás cinco de corto.

Gaspar ¿Vióse testimonio igual?

Tello Cumple palabras; no den
cuenta a quien, si no por bien,
nos haga casar por mal.

(Sale Quiteria.)

Quiteria Fidalgo, miña señora
da janela vos escuita
o vos teim vontade muita;
tomai e ficad embora.

(Dale un papel y vase.)

Tello ¿Qué es frisar en borra aquí?

Gaspar Diome la moza un papel.

Tello Frisa y borra vendrá en él.

Gaspar O yo estoy fuera de mí
o algún embeleco es este.
¿Yo palabra? ¿Yo hospedado?

Tello Debe de andar encantado
el mundo en tiempo de peste.
¿No lees?

Gaspar El cielo socorra
mi seso.

Tello — Si da con él.

Gaspar — ¿Yo palabra?

Tello — Abre el papel
y busca la frisa y borra.

(Abre y lee el papel.)

Gaspar (Lee.) — Tudo canto vos falou
meu hirmaon vos ei ouvido
per o furaco escondido
da chave; si vos bradou
naom temais que vosa sou;
homen he o doutor mofiño;
zombai do seu escarniño
pois sois fidalgo galante;
o vindica doge avante
si vos prace serdes miño.
¡Qué dulce y tierno papel!

Tello — Derrítese el sebo luego.

Gaspar — ¿Entiéndesle?

Tello — Como a un griego.

Gaspar — Un almíbar es todo él.

Tello (Lee Tello.) — Deja, probaré a entenderle.
(Lee.) Turrón cante...

Gaspar — ¡Qué ignorante!

Tello — Esto es turrón de Alicante.

Gaspar — Anda necio, oye leerle.

(Vuélvele a leer don Gaspar.)

(Lee.) — Tudo canto vos falou
meu hirmaon vos ei ouvido.

Tello — ¿Qué dice?

Gaspar — Que a lo escondido
nos ha escuchado.

Tello — ¿Fallou
es esconderse? Ya saco
poco a poco su sentido.

Gaspar (Lee.) — Por o furaco escondido.

Tello — Malo, ¿escondido y uraco?
¡Esa es pulla, vive Dios!

Gaspar — ¿Qué pullas, desatinado?

Tello — Lo mismo es que vil horado.
Entendéos allá los dos
porque yo no hay darle alcance.
¿Furaco, escondido? ¡Fuego!
Mas que te han de quemar luego...

Gaspar — Oye, leeréle en romance.
(Lee.) Cuanto mi hermano os habló
agora, todo lo he oído

por el espacio escondido
de la llave. Si os riñó,
no importa, vuestra soy yo;
es mal acondicionado;
burláos dél aunque enojado,
pues sois vos, en fin, mi amante,
y vedme de hoy adelante
si mi amor os da cuidado.

Tello — Aun ansí no es tan bellaco,
puesto que algo libre viene;
mas eso ¿qué diablos tiene
que ver con blandón y urraco?

(Salen doña Jerónima y Quiteria de mujeres a lo castellano, cubiertas.)

Jerónima — Cúbrete bien, no te vea
la cara.

Quiteria — Sáquenos Dios
destas cosas.

Gaspar — Estas dos
¿no son las que ver desea
mi amor?

Tello — Esta es la criada,
que es lo que me toca a mí.

Gaspar — ¿No es doña Marta?

Tello — No y sí;
no, porque es carta cerrada
y sí, porque el sobrescrito

muestra que es suya la letra.

Gaspar

Todo mi amor lo penetra.
¿Mi doña Marta?

Jerónima

Quedito
hidalgo y con cortesía.

Tello

¡Castellano habla, por Dios!

Gaspar

¿No sois doña Marta vos?

Tello

¿Y tú la Martiña mía?
Como vemos la basquiña
el frontispicio veamos,
y mi amo y yo conozcamos
a la Marta y la Martiña;
que si enseñas los ojetes
antes que de aquí me parta,
tú Martiña y tu ama Marta,
y nosotros martinetes
de ver medios ojos hartos
vendrá nuestro San Martín,
Martina, en martes, y en fin
seremos peña de Martos.

(Vala a descubrir y ella le da un bofetón.)

Quiteria

¡Arre allá!

Tello

¡Carrillos barre!
¡Ay, quebróme una mejilla!
Con un jo topé en Sevilla
y aquí me sacude un arre.

Jo debe de ser la herencia
que mi padre me dejó;
jo la mano que aojó,
jo toda mi descendencia,
jo yo en el talle y aliño,
jo el planeta que me apoya;
dime, pues eres mi joya,
ajó, ajó y seré tu niño.

(Hablan entre sí don Gaspar y doña Jerónima, cubierta.)

Jerónima

No soy la que imagináis,
aunque de su casa salgo.
Yo nací en Toledo, hidalgo;
en ella, si os acordáis,
—que no haréis— os tuve un mes
por mi huésped regalado,
en Sevilla descuidado
y en Portugal descortés.
Cumplid como hombre promesas
a inocencias toledanas
o, pues burláis castellanas,
no deshonréis portuguesas,
y corresponded leal
antes que noticia den
a quien, cuando no por bien,
os haga casar por mal.

(Vanse.)

Tello

Por Dios, que prosigue estotra
el tema de su sermón.

Gaspar

¡Jesús! ¿Qué es esto?

Tello — Visión;
no aguardemos que salga otra
y haya tercera papilla.

Gaspar — No lo acabo de entender.

Tello — En el aire la mujer
es la propia de Sevilla.

Gaspar — Y en el mismo es semejanza
de la hermana del dotor.

Tello — Ella le contó tu amor;
no es lo que te dijo chanza.

Gaspar — ¿Mas que tienen de dar trazas,
Tello, que de aquí salgamos?

Tello — ¿Adónde, si las llevamos
tras nosotros como mazas?

(Vanse.)

(Salen doña Jerónima de mujer, con manto y Quiteria; y doña Estefanía, como en su casa.)

Estefanía — Quitaos el manto.

Jerónima — Naom posso,
que alem de que a veros veño,
ocupaoaons muitas teño.

Estefanía — Quiéroos yo con más reposo.

Jerónima
Virei vagante outro dia.

Estefanía
¡Qué dello que os parecéis
a vuestro hermano! Tenéis
su misma fisonomía;
ninguna diferencia hay
en los dos; quedo admirada.

Jerónima
Pariomos dua ventrada
ambos os dois nossa mae,
bem que ele naceu primeiro.

Estefanía
Es muy galán y curioso.

Jerónima
¿Quem? ¿Ele? He muito mimoso;
com as damas feitizeiro;
gavanlle os homens de sabio,
queremlle as molleres bem;
he pissa alegrete, alem
doutras grazas.

Estefanía
Hace agravio
a su salud quien no llama
dotor que entretiene y cura.
¿Es amante por ventura?
¿Tiene en esta corte dama?
Decidme, ¿por quién se abrasa?

Jerónima
Eu volo direi por certo;
seus mimos tem aqui perto.

Estefanía
¿Aquí cerca?

Jerónima
En vosa casa.

Estefanía
Doña Marta de Barcelos,
¿en casa, quién puede ser?

Jerónima
Andapor hua moller
pendurado dos cabellos.

Estefanía
¿En casa?

Jerónima
Sim; mas pregonto...

Estefanía
Mujeres somos las dos;
hablad claro.

Jerónima
A serdes vos...

Estefanía
¿Yo? ¿Estáis loca?

Jerónima
Tende ponto;
naom vos acañeis taom cedo.

Estefanía
Yo por dotor le conozco
no más.

Jerónima
Desbafocombosco;
ouvime agora un segredo:
ouvi-me agora um segredo:
eu vos prometo boa fe.

Estefanía
¿Yo su tercera?

Jerónima
Naom he
isto ser alcobeteira.

Estefanía Decid.

Jerónima Dareisle un bo dia
porque lle magoam cuidados
de dous ollos orballados
de feitizos e alegría.

Estefanía ¿Conózcola yo?

Jerónima ¿Pois nao?

Estefanía ¿Y está en casa?

Jerónima ¡Cómo rima!

Estefanía ¿Es doña Leonor, mi prima?

Jerónima Por ela morre meu hirmaom.

Estefanía ¿Por doña Leonor? ¡Ay, cielos!
Y ¿le ama doña Leonor?

Jerónima He cavaleiro o doutor
dos Barbosas e Barcelos;
bem pode.

Estefanía Malograré
su intento.

Jerónima Tendé cuidado,
porque si ja se ham casado
Deos vos guarde de feito he.

Quiteria — Señora, tendes de vir.

(Sale un paje.)

Paje — A vueseñoría llama
su padre.

Estefanía — ¿En casa, y su dama
mi prima?

Jerónima — Por vos servir
falaremos outro día
devagar, porque o doutor
ou tem de ser de Lianor
ou de vosa siñoría.

(Vanse doña Jerónima, Quiteria y el paje.)

Estefanía — ¿De Leonor tiene de ser
o mío? Amor, esto sí.
Honra, lastimáos de mí;
pues que nos dan a escoger,
más difícil es perder
la vida que no el amor.
Matóme doña Leonor;
¿qué mucho, cielos, será
que quien los pulsos le da
le dé la mano al dotor?
Si es, cual dicen, caballero
¿qué pierdo? Mas ¿qué no gano?
Poco hay del pulso a la mano;
enferma estoy, sanar quiero.
Perdonará mi severo
padre pues trujo a su casa

la peste que el alma abrasa
en lugar de echarla fuera;
que si es fuego, donde quiera
que toca el amor, abrasa.

(Sale don Rodrigo.)

Rodrigo

Enviábaos a llamar
el embajador, señora,
y entró una visita agora
con que os ha de dilatar,
no sé si diga pesares
o contentos; ya ha venido
la dispensación que ha sido
de mis encuentros azares,
si bien mi esperanza piensa
que desconformes los dos
mientras no dispenséis vos
en balde el Papa dispensa.

Estefanía

¿Pues de que dispense o no
el Papa, qué azar o encuentro
interesáis vos?

Rodrigo

Soy centro
de esa pena o gusto yo.
Quien vuestra salud gobierna
por los pulsos conjetura
vuestro amor y mi ventura;
miráisme amorosa y tierna
desde el día que entré a hablaros;
rigores notificáis
cuando a don Gaspar miráis
sin permisión para hablaros

y, como el amor no es cosa
oculta, juzga el dotor
que me habéis cobrado amor.

Estefanía — ¿Quién juzga?

Rodrigo — El dotor Barbosa.

Estefanía — ¿Que yo amor os he cobrado?

Rodrigo — Me lo jura y certifica.

Estefanía — Si ansí en todo pronostica
ni es dotor, ni es acertado,
ni fe en él tener espero.
Nunca deis crédito a indicios
de quien es, mudando oficios,
dotor y casamentero,
que en eso la cura erró.

Rodrigo — Señora, aunque os cause enojos,
tal vez la lengua y los ojos
mienten, mas los pulsos no;
el viene y sabrá mejor,
aunque negando fingís,
la dicha que me encubrís.
Al médico y confesor
se ha de decir la verdad;
con él podéis descubriros,
que aquí está para serviros
mi vida.

(Vase.)

Estefanía ¿Hay tal libertad?
Infaliblemente adora
el dotorcillo a mi prima
y en fe que me desestima
por terceros me enamora.
¡Ay, sospechas indiscretas!
¿Vióse locura mayor?
¡Que me busque a mí un dotor
casamientos por recetas!

(Sale doña Jerónima de médico.)

Jerónima Ocupaciones forzosas,
señora, me han impedido
el tiempo hoy de visitaros
mas no el gusto de serviros.
Esta cátedra de un rey
autorizada, el oficio
que ya en su cámara gozo,
los parabienes de amigos
disculpen mi dilación,
si no basta haber suplido
doña Marta mi tardanza
por ser mi retrato mismo.
¿Cómo, mi señora, estáis?
¿Qué hay de tristezas? Alivio
prometen esas colores;
venga el pulso.

Estefanía No le fío
de médicos licenciados,
licenciosos, dotor, digo,
que su facultad profanan
y donde son admitidos

las doncellas enamoran.

Jerónima ¿Qué decís?

Estefanía ¡Gentil aliño
de curar descomponiendo
pulsos, del alma registros!

Jerónima ¿Pues yo?

Estefanía ¿Pues vos? Sois un santo.
¿Escribió en sus aforismos
remedios casamenteros
vuestro Galeno?

Jerónima ¿Os han dicho
de mí que soy buscabodas?

Estefanía No sé; pero don Rodrigo
dice que a vuestras enfermas
dais récipes de maridos.
Doña Leonor, a lo menos,
por ahorrarse del partido
que a los médicos se paga
y previniendo peligros
tendrá desde hoy adelante,
si yo su elección no impido
—que sí haré—, dotor y esposo
en una pieza.

Jerónima Ha os mentido
el malicioso villano...

Estefanía Paso dotor.

Jerónima
Mal nacido...

Estefanía
Sí será; paso dotor,
no os deshonréis a vos mismo.

Jerónima
Envidias de la opinión
con que estudios autorizo,
llevo cátedra a ignorantes
y pulsos reales obligo,
con vos me descompondrán.

Estefanía
¿Descomponeros conmigo?
Antes de puro compuesto
se queja el recelo mío;
allá con doña Leonor
más alentado y festivo
descompondréis pensamientos
y lograréis desatinos;
pues, dotor casamentero,
desde agora os notifico
que no entréis en esta casa
ni aun a curar sus vecinos;
sabrá mi padre quién sois
y os dirá si es permitido
que a mujeres de importancia
solicitéis con fingidos
y hipócritas pensamientos.
¡Bueno es, habiendo salido
de vísperas catedrático,
que por mi prima perdido
la de prima pretendáis!

Jerónima
Mirad, oíd...

Estefanía
Dotor, idos.

Jerónima
Señora, volved en vos.

Estefanía
¿Que no os vais? ¿He de dar gritos?
Desengañará mi padre
al rey, porque esté advertido
de quién entra en su palacio
y a quién su médico hizo,
el riesgo en que están sus damas,
la ciencia que en otros libros
estudiáis no de Galeno,
sino de Marcial y Ovidio.
¿Qué aguardáis?

Jerónima
Que no deis voces.
¿Luego a todo lo que os dijo
mi hermana de mí, dais fe?

Estefanía
¿Pues no he de darla? ¿Es testigo
vuestra hermana apasionado?
¿Paréceos que habrá fingido
engaños en daño vuestro,
si participa los mismos?
No os han de valer traiciones;
salid.

Jerónima
Pasito, pasito.

Estefanía
¿Qué es pasito?
(A voces.)
¡Don Gaspar,
gente, pajes!

Jerónima — Paso, digo,
que soy doña Marta yo.

Estefanía — ¿Quién?

Jerónima — La dotora.

Estefanía — ¡Oh, qué lindo!
¿A mí mentiras de ciegos?

Jerónima — Miradme y veréis si os finjo.

Estefanía — ¿Pues, cómo habláis castellano?

Jerónima — De mi hermano lo he aprendido.

Estefanía — ¿Y quién me asegurará
desta duda?

Jerónima — El artificio
con que para daros celos
y el amor sacar en limpio
que mi hermano recelaba
viéndole en vos escondido.
No ha un instante que mentí
Leonores que nunca ha visto,
bellezas que no apetece
y penas que no ha sentido.
Mal pudiera yo tan presto
darle por extenso aviso
de lo que nos ha pasado
a las dos, si aun no he tenido
tiempo de llegar a casa.

Estefanía

Decís bien; mas ¿qué artificio,
con qué traza o en qué parte
pudo en hombre convertiros
tan brevemente?

Jerónima

El tener
una amiga y un vestido
de mi hermano en esta calle,
que así industrias apercibo.

Estefanía

Dúdolo, dotor o Marta;
dadme más ciertos indicios.

Jerónima

¿No os dije yo que o doutor
tiña aqui perto seus mimos?
Terceira dos seus amores,
vos roguei serdes porque isto
naom he ser alcobeiteira,
e por derradeiro sino
¿nao vos dise que a meu hirmao
tiña de chamar marido
vosiñoría o Lianor?

Estefanía

Basta; es verdad, yo me rindo;
en fin, ¿no está enamorado
de mi prima?

Jerónima

Fue este arbitrio
sacasecretos, señora,
porque estaba, os certifico,
despulsándose por vos
y con celos infinitos
de no sé qué don Gaspar,
vuestro amante y su enemigo.

Estefanía

Aseguralde vos dél,
que ya que es fuerza el deciros
verdades del corazón
solo a vuestro hermano estimo.

Jerónima

Bexovos as maons por ele.

(Bésaselas.)

Estefanía

Pero ¿por qué a don Rodrigo
le dijo que yo le amaba?

Jerónima

Eso ignórolo.

Estefanía

Aquí vino,
necio de puro confiado,
ensartando desvaríos,
aparenciados muy bien
pero muy mal recibidos.

Jerónima

Él vendrá a satisfaceros;
pero según he entreoído
no sé qué dispensación
agora de Roma vino
en favor de un don Gaspar,
que en fe de ser vuestro primo
dicen que, vuestro consorte,
juntáis mayorazgos ricos.

Estefanía

No juntando voluntades
el cielo, cuyo dominio
es superior a preceptos,
¿qué importa?

Jerónima
Pierde el juicio
mi hermano por esta causa.

Estefanía
Luego ¿lo sabe?

Jerónima
A lo visto
en los ojos del dichoso,
todo es gozo y regocijo.

Estefanía
Pues decilde de mi parte
que si, cual pienso, averiguo
la calidad que promete,
por él dejaré al rey mismo.
Decilde que soy diamante.

Jerónima
¿No vale más que decirlo,
asegurarle primero?

Estefanía
¿Cómo?

Jerónima
Atajando peligros
y dándoos los dos las manos.

Estefanía
¿Luego?

Jerónima
Luego.

Estefanía
Necesito
saber primero si es noble.

Jerónima
Eso yo os lo certifico.

Estefanía
Vos sois parte apasionada.

Jerónima
Pues mientras buscáis testigos
ganaráos la bendición
doña Leonor.

Estefanía
¿Cómo?

Jerónima
Quiso
desposarse ayer con él
y agora, a lo que colijo,
los dos juntos tratan dello
por prevenir descaminos.

Estefanía
¡Ay, cielos! Pues engañosa
Circe, ¿vos no me habéis dicho
que ni a Leonor apetece
ni la visita, ni ha visto?

Jerónima
Eso fue por aplacaros
y a la postre preveniros
con lo uno y con lo otro,
que el dilatarlo es martirio.

Estefanía
¿Hay semejante embeleco?
¿Mujer con tantos hechizos?
¿Hombre con tantos engaños?
¿Con Leonor? ¡Ay, celos míos!
No estéis más en mi presencia;
iré, cuando no a impedirlos
su loco amor, a ofenderlos,
afrentarlos, perseguirlos...

Jerónima
Quedo, señora.

Estefanía — ¿Qué es quedo?
¿No os vais?

(A voces.) — Haré desatinos.

Jerónima — Quedo, que soy el dotor;
¡cuerpo de tal, no deis gritos!

Estefanía — ¿Quién sois?

Jerónima — El dotor Barbosa.

Estefanía — ¿Ya empieza otro laberinto?

Jerónima — ¡Bravos sustos os he dado!

Estefanía — Hombre en mujer embebido,
acabemos de saber
uno o otro.

Jerónima — Yo eso pido.

Estefanía — ¿Quién eres?

Jerónima — Vuestro dotor,
que dos veces os visito;
una en nombre de mi hermana
y otra agora en nombre mío;
como mujer la primera
y ésta en traje masculino.

Estefanía — ¿Luego no fue doña Marta
la que estuvo antes conmigo?

Jerónima — No mi señora. Su traje

solo en mí sostituido,
mi poca barba y edad,
el fuego en que me derrito,
la dispensación severa,
los celos siempre atrevidos,
en mujer me transformaron.
Naom vos agasteis Sol miño,
meus ollos, meu coraoaom,
miña groria, meu feitizo,
mana miña, cravo de ouro;
eu sou voso raparigo.
Satis sit; crucior pro te,
usque ad animi deliquium.
A requiebros castellanos,
portugueses y latinos,
¿qué desdén será bastante
a enojarse y resistirlos?

(Tómala.) Venga esta mano y quedemos
en paz, casados y unidos,
como os pombos rulladores
acostuman em seus niños.
¿Dáismela?

Estefanía — Vos la tomáis.

Jerónima — ¿Como esposo?

Estefanía — No sé.

Jerónima — Insisto
en esto o enojaréme.
¿Como esposo? Decid.

Estefanía — Digo

que sí.

Jerónima (Bésasela.) ¿Que sí? Eu la beijo,
embezando meus foziños
desde Píramo te Paris,
desde Adonis te Narciso.

(Salen don Gaspar y don Rodrigo.)

Gaspar No reñiremos por eso,
si el dotor verdad ha dicho;
mas dúdolo, que es su amante.

Jerónima Pues, don Gaspar, don Rodrigo,
¿qué es esto?

Rodrigo Una competencia.

Gaspar En eso yo no compito;
doña Estefanía tiene
poco gusto, aunque la sirvo,
en ser mi esposa.

Estefanía Es verdad;
que casamientos con primos
o se logran siempre poco
o no se alegran con hijos.

Gaspar Yo pretendo a doña Marta.

Jerónima Yo por su esposo os admito,
mas ha de ser hoy la boda.

Gaspar Eso es lo que yo os suplico;

llamalda.

Jerónima (Apártale.) Escuchad aparte.
¿Queréis casaros conmigo?

Gaspar ¡Jesús, dotor! ¿Estáis loco?

Jerónima No juzguéis por los vestidos
la persona. Doña Marta
soy.

Gaspar ¿Qué decís?

Jerónima He querido
con esta transformación
asegurar el partido
del dotor, mi hermano.

Gaspar ¿Cómo?

Jerónima Tiene muchos requisitos;
dejaldos para después.
Ya sabéis, como os lo he escrito,
lo que os quiero y la palabra
que me habéis dado.

Gaspar Imagino
que de mí estáis burlando.

Jerónima ¿Es porque mudo de estilo
y no os hablo en portugués?
Pois catai os ollos miños,
que onte vistes hum a hum,
a boca, os dentes e o riso.

Gaspar — Basta, entregadme esa mano.

(Dásela.)

Jerónima — Esta foi a que perdido
vos teve a bolta primeira.

Gaspar — Es la verdad.

Jerónima — ¿Dom Rodrigo?
Chegai a ser testimuna
de que he dom Gaspar marido
de doña Marta.

Rodrigo — Serélo.

Estefanía — Yo y todo; y si os apadrino
me tendré por venturosa.
Gocéisos alegres siglos.

Jerónima (A don Rodrigo.) — Isto he feito.
Agora vos,
cavaleiro agradescido,
dai la maom a vosa dama.

Estefanía — ¿A mí?

Jerónima (A ella aparte.)
(Facei o que pido;
oombaremos dele um pouco.)

Estefanía — ¿Ya vos no sois dueño mío?
¿No sois mi esposo?

Jerónima Por eso;
que pues no corre peligro
nuestra boda, quiero yo
que la alegren regocijos.

Estefanía Por el dotor os la entrego.

(Danse las manos doña Estefanía y don Rodrigo.)

Rodrigo Conjeturó por indicios
verdades. Débole mucho.
¡Qué venturoso que he sido!

(Salen Quiteria, don Íñigo, don Martín y Tello.)

Quiteria Donde el honor se atraviesa
es traición el encubrirlo;
vueselencia lo remedie.

Íñigo Dotor, mirad si ha perdido
el juicio esta mujer
y curalda.

Quiteria Lo que afirmo
es la verdad pura y clara.

Tello ¡Qué buena era para vino!

Jerónima ¡Martiña!

Quiteria Ya se acabaron
las Martinas y Martinos.
Tu hermano murió en Pamplona

deshojando francos lirios
y su mayorazgo heredas.
Tus deudos y sus amigos
en Sevilla te echan menos
y últimamente han sabido
que asistes en esta corte.
En busca tuya tu tío
viene, extrañando disfraces,
y está ya en casa.

Jerónima Prodigios
de amor disculpen finezas.
Don Gonzálo, hermano mío,
murió por su rey y patria;
a don Gaspar he querido
desde que fue huésped nuestro.
El solo médico me hizo
y él, en fin, es hoy mi esposo.

Íñigo Luego ¿sois mujer?

Jerónima He sido
quien a la naturaleza
con mi industria he contradicho.

Estefanía Luego ¿no tenéis hermana?

Jerónima El amor la ha convertido
a ella y al dotor Barbosa
en un cuerpo.

Estefanía ¿Hay desatino
semejante?

Jerónima
Don Gaspar
es mi esposo, merecido
a precio de estudios tantos,
tanto disfraz y suspiro.

Gaspar
Yo me tengo por dichoso.

Rodrigo
Merezca, pues, don Rodrigo
suceder en esta plaza
a don Gaspar.

Íñigo
Deudo mío
sois también, si viene en ello
mi hija.

Estefanía
Tu gusto sigo,
siquiera porque el Barbosa
de dotor fue su padrino.

Tello
¿Pues Martiña?

Quiteria
Di Quiteria.

Tello
Quiteria, para el domingo,
porque hoy todos no se casen,
delante el cura te cito.

Íñigo
¡Jesús, admirado voy!

Jerónima
Amor, médico me hizo
y el Amor médico es este;
si os agrada, decid ¡vítor!

Fin de la comedia

Libros a la carta

A la carta es un servicio especializado para
empresas,
librerías,
bibliotecas,
editoriales
y centros de enseñanza;
y permite confeccionar libros que, por su formato y concepción, sirven a los propósitos más específicos de estas instituciones.

Las empresas nos encargan ediciones personalizadas para marketing editorial o para regalos institucionales. Y los interesados solicitan, a título personal, ediciones antiguas, o no disponibles en el mercado; y las acompañan con notas y comentarios críticos.

Las ediciones tienen como apoyo un libro de estilo con todo tipo de referencias sobre los criterios de tratamiento tipográfico aplicados a nuestros libros que puede ser consultado en Linkgua-ediciones.com.

Linkgua edita por encargo diferentes versiones de una misma obra con distintos tratamientos ortotipográficos (actualizaciones de carácter divulgativo de un clásico, o versiones estrictamente fieles a la edición original de referencia).

Este servicio de ediciones a la carta le permitirá, si usted se dedica a la enseñanza, tener una forma de hacer pública su interpretación de un texto y, sobre una versión digitalizada «base», usted podrá introducir interpretaciones del texto fuente. Es un tópico que los profesores denuncien en clase los desmanes de una edición, o vayan comentando errores de interpretación de un texto y esta es una solución útil a esa necesidad del mundo académico.

Asimismo publicamos de manera sistemática, en un mismo catálogo, tesis doctorales y actas de congresos académicos, que son distribuidas a través de nuestra Web.

El servicio de «libros a la carta» funciona de dos formas.

1. Tenemos un fondo de libros digitalizados que usted puede personalizar en tiradas de al menos cinco ejemplares. Estas personalizaciones pueden ser de todo tipo: añadir notas de clase para uso de un grupo de estudiantes, introducir logos corporativos para uso con fines de marketing empresarial, etc. etc.

2. Buscamos libros descatalogados de otras editoriales y los reeditamos en tiradas cortas a petición de un cliente.

Printed in Poland
by Amazon Fulfillment
Poland Sp. z o.o., Wrocław

69735796R00092